Schirner Verlag

Anjali Sriram

Das Geheimnis des indischen Tanzes

Lotosblüten öffnen sich

Der indische Tanz Bharatanāṭyam
als Weg zur Selbstentfaltung

Schirner Verlag

Anjali Sriram lernte nach Erhalt ihres Diploms von der Staatlichen Hochschule für Musik und Darstellende Kunst Stuttgart neun Jahre lang bei den renommiertesten Tanzlehrern Indiens, unter anderem an der Kalakshetra Akademie. Seit ihrem ersten Auftritt in Chennai 1980 begeistert sie in ihren zahlreichen Aufführungen Menschen in Indien und Deutschland.

»Sie ist ein großartiges Beispiel dafür, wie der Westen im Osten aufgehen kann und beide miteinander verschmelzen«, war im *Indian Express* über ihren Tanz zu lesen. »Ich war in Trance, als ich ihr beim Tanzen zusah. Sie ist eine wahre Künstlerin aus dem Herzen«, schrieb der Yogameister Sri T.K.V. Desikachar.

Anjali Sriram lebt im Winter in Indien und in den übrigen Monaten in Deutschland. Sie gibt Workshops über indischen Tanz, schreibt Sachbücher, und 2007 veröffentlicht sie ihren ersten Roman. (www.sriram.de)

Das auf manchen Seiten als Schmuckleiste in Sanskrit eingesetzte Mantra lautet:

om sarveṣāṁ svastirbhavatu	*Om. Möge alles verheißungsvoll sein.*
om sarveṣāṁ śāntirbhavatu	*Mögen alle Frieden finden.*
om sarveṣāṁ pūrṇambhavatu	*Mögen alle Vollendung erlangen.*
om sarveṣāṁ maṅgalambhavatu	*Mögen alle gesegnet sein.*

Die Erstausgabe dieses Buchs erschien 1989 unter dem Titel »Lotosblüten öffnen sich« im Kösel Verlag, München.

ISBN 978-3-89767-303-8

Erste Auflage

Illustrationen: Kshama Rao, Madras

Umschlag: Murat Karaçay
Satz: Kirsten Glück, Sharmila Maas
Herstellung: Reyhani Druck & Verlag, Darmstadt

Printed in Germany

www.schirner.com

Inhaltsverzeichnis

Der weiblichen Kraft gewidmet,
die den Mann siegen läßt
und dabei lächelt.

Der Energie der Śakti geweiht,
die gelassen im ewigen Schoß
Leben nimmt und gibt.

Vorwort

Wo die Sprache aufhört, beginnt der Tanz, der unseren unruhigen Geist zum Schweigen bringt. Tanz löst uns aus den uralten Banden des Verstandes und befreit von der Last der Gedanken und von den Fesseln des Intellekts. Durch Tanz treten wir aus dem Gefängnis unseres Körpers hinaus ins Freie.
Wozu dann noch Worte über den Tanz verlieren? Werden nicht festgefügte Sätze die Grenzenlosigkeit dieses Tanzes und seiner Poesie beschränken?
Trotz alledem habe ich ein Buch geschrieben: aber kein wissenschaftliches Werk über Bharatanāṭyam, den sakralen Tanz aus Südindien, und kein Tanzlehrbuch, auch erscheint es nur vordergründig als ein Buch über Tanz. Eigentlich handelt es sich um eine Geschichte, die eine Reise in ein fremdes Land beschreibt und einen feinen Duft schildert, der uns zwar von der Kindheit her vertraut ist, dessen Intensität wir aber ein ganzes Leben wieder suchen. Das fremde Land sind wir, und in diesem Land liegt unser vergessenes Selbst, nicht unser Alltagsgesicht, sondern unser inneres göttliches Antlitz. Bei dieser Reise auf dem Weg zu

ॐ सर्वेषां स्वस्तिर्भवतु
ॐ सर्वेषां शान्तिर्भवतु

unserem vernachlässigten wahren Selbst führt uns eine Tänzerin. Es ist die Nāyikā, die Heldin meiner Geschichte.
Obwohl sie mehr als 2000 Jahre alt ist, ist sie jung und anmutig und in Harmonie mit der Schönheit der Natur. In verschiedenen Kapiteln werde ich die Beziehung der Nāyikā zur Erde, zum Wasser, zum Feuer, zum Äther und zum Wind schildern. Durch ihre Anmut und Weisheit verführt sie zur Bewußtwerdung unserer eigenen Werte, die wir, weil wir das Göttliche in uns verkennen, vergessen haben. Die Nāyikā zeigt uns den Weg zur Größe und Schönheit einer Kunst, die als Spiegel unserer Seele dient.
Ich wünsche mir, daß die Leser meines Buches die Nāyikā umschwärmen wie Bienen die Blüte. Denn die Nāyikā gleicht einer Lotosblüte, die sich langsam entfaltet und ihr Geheimnis preisgibt, in das wir dringen können, um den Nektar zu genießen. Der Nektar ist das Erlebnis des ätherischen Duftes der Nāyikā. Die Tänzerin hat die Aufgabe einer Priesterin: sie bindet nicht an die Welt der Sinne, sondern sie verbindet die Welt der Dinge und Sinne mit dem Innern des Menschen. Sie führt zur Einheit von

ॐ सर्वेषां पूर्णंभवतु
ॐ सर्वेषां मङ्गलंभवतु

Geist und Körper. Der gespaltene moderne Mensch kann durch die Sinne, die der Tanz anspricht, das unsterbliche Selbst in sich entdecken. So kann er auf dieser Reise zu seiner Ganzheit finden. In dem Spiegel, den die Nāyikā ihm vorhält, kann er sein tiefstes Wesen erschauen.

Diesen Spiegel bilden zunächst die Mudras, die stilisierten Handgesten der Nāyikā. Die hochentwickelte Gebärdensprache, die jede Gefühlsregung durch die Hände auszudrücken vermag, entsteht in unserem Alltag, ohne daß wir uns dessen bewußt sind. Durch Achtsamkeit den eigenen Gesten gegenüber, die zur Wahrnehmung unserer »tanzenden« Hände führt, beginnt unsere Reise zum Selbst. Deshalb stelle ich jedem Kapitel des Buches eine Geste voran, über die Sie sich Gedanken machen und meditieren, und die Sie üben können. Durch Verständnis für den Inhalt von Gebärden bekommen unsere Tätigkeiten eine andere Sorgfalt, und wir führen sie mit innerer Anteilnahme, mit größerer Konzentration aus.

Wie oft glaubt der nervöse Großstadtmensch, er müßte schnell sei-

ॐ सर्वेषां स्वस्तिर्भवतु
ॐ सर्वेषां शान्तिर्भवतु

ne Haushaltstätigkeiten erledigen, um sich etwa zu Yogakursen zu begeben oder sich höheren Dingen zuzuwenden. Dies ist eigentlich paradox, denn er eilt durch seine Hast mehr von sich weg und gelangt auch nicht zu dem Höheren, das eigentlich in ihm liegt. Schon durch eine liebevolle Ausübung seiner Alltagspflichten, durch seine innere Anteilnahme an den Tätigkeiten seiner Hände, kommt er diesen höheren Dingen näher. Deshalb ist die Gebärde, die er beim Gemüseputzen oder Staubwischen einnimmt, für ihn wichtig. Gedanken werden zur Tat durch die Hand.

Kshama Rao, selbst eine Tänzerin, hat die Handgesten und Tanzschritte in diesem Buch im traditionellen indischen Stil gezeichnet. Die Gebärden können auch als rituelle Gesten verstanden werden, als Vermächtnis einer alten Weisheit. Dies wird deutlich durch die Gegenüberstellung der Photographien aus der Tanzkunst und aus dem Alltag. Die stilvolle Symbolik der »tanzenden« Hände hat ihren Ursprung in den elementaren Tätigkeiten der Inder. Das Industriezeitalter, in dem die Tätigkeiten unserer Hände zu mechanischen Abläufen verkümmerten und

ॐ सर्वेषां पूर्णंभवतु
ॐ सर्वेषां मङ्गलंभवतु

wir vom Sinn der Gebärde abgelenkt wurden, ließ uns vergessen, daß es auch bei uns einst den Ritus der Gebärde gab.
Ich möchte durch mein Buch Anregung geben, den Ritus der Gebärde wieder zu entdecken. Weiterhin ist es mein Anliegen, zu inspirieren, bei den vielen Themen dieses Buches Parallelen zwischen Ost und West zu finden und dem sakralen Tanz aus unserer Kultur nachzuspüren und ihn neu zu entdecken.
Die Gedichte, die ich den Kapiteln vorangestellt habe und die manche ergänzend begleiten, sind meistens Lieder von Tänzen, die ich aus den Originalsprachen ins Deutsche übersetzt habe.
Die Sanskritworte sind in der internationalen Schreibweise geschrieben, eine kurze Tabelle im Anhang gibt Aufschluß über ihre Aussprache. Ich möchte nicht der in den letzten Jahren verbreiteten englischen Schreibweise folgen und indisches Kulturgut aus England importieren. Die englische Schreibweise führt dazu, daß die Worte vom deutschen Leser oft falsch betont und ausgesprochen werden. Gerade der Klang der alten Sanskritwörter ist in einem Buch über indischen Tanz von großer Bedeutung.

ॐ सर्वेषां स्वस्तिर्भवतु
ॐ सर्वेषां शान्तिर्भवतु

Nicht zuletzt soll mein Buch natürlich auch informieren und auf Bharatanāṭyam-Veranstaltungen vorbereiten. Der Zuschauer erfährt, wie und was er bei der Betrachtung eines Tanzabends genießen kann, und lernt die Tänze besser verstehen.

Im indischen Tempeltanz geht es immer wieder um die Suche nach dem EINEN, dem Geliebten der Nāyikā. Wenn wir ihn, diesen ewigen Geliebten finden, wird er uns so in seinen Bann ziehen, daß wir nach Einheit mit ihm verlangen. Sein Duft liegt in den Blumen und dem Geruch der Erde. Dem Duft dieses EINEN die Sinne und die Seele zu öffnen, das ist der Weg des Bharatanāṭyams.

Diese alte Tanzkunst mit ihrer mystifizierten Erotik muß den westlichen Menschen nicht fremd bleiben, die Tänzerin und Indien sind uns näher als es scheint. Daß Nationalschranken und die Verschiedenartigkeit der Religionen und Rassen uns trennen, ist eine Illusion, deren Schleier es zu zerreißen gilt. In jedem liegt das unsterblich Göttliche, und wir bilden daher alle eine große Einheit.

ॐ सर्वेषां पूर्णंभवतु
ॐ सर्वेषां मङ्गलंभवतु

Annäherung

Als kleines Schulmädchen durchströmte mich eine unglaubliche Faszination, als meine Lehrerin im Geographieunterricht ein buntes Bild, das einen Tempel aus Indien darstellte, an die Seitentafel hängte. Ich ahnte, daß nichts im Leben mich je so begeistern würde wie Indien. Ich spielte oft abseits der anderen Kinder, um mir Tücher über den Kopf zu legen und von meiner anderen Existenz an den Ufern eines indischen Stroms, inmitten eines undurchdringlichen Dschungels, zu träumen.

Meine Liebe zu der Welt der Mythen und Märchen, die mich viele Bücher über Indien lesen ließ, machte mich zum Fremdling in meinem eigenen Land. Ich las als Kind die Rāmāyaṇa, die Geschichte von dem Prinzen Rāma, ohne zu wissen, daß ich später einmal seinen Namen tragen würde. Ich hatte eine Vorahnung, daß mein Leben mich auf einen Pfad durch ganz Indien führen würde. Nicht als Touristin, nicht als Pilgerin, sondern als Tänzerin lernte ich viele Städte und Dörfer Indiens kennen. Diese Bestimmung erscheint mir wunderbar.

Die erste Begegnung mit dem indischen Tempeltanz hatte ich, als

ॐ सर्वेषां स्वस्तिर्भवतु
ॐ सर्वेषां शान्तिर्भवतु

ich sechzehn Jahre alt war. Ich war Ballettschülerin und studierte Schauspiel an der Staatlichen Hochschule in Stuttgart, als ich einen indischen Tanzabend besuchte. Bereits beim Eintreten in den Saal entdeckte man auf der linken Seite der Bühne die kleine Gruppe der Musiker. Sie schienen mit dem Boden verwurzelt zu sein, wirkten aber wunderbar gelöst und entspannt. Sie saßen mit gekreuzten Beinen auf der Erde, was den Eindruck von Kargheit erweckte, einer klösterlichen Strenge ähnlich, und doch war ihre Haltung von innerer Bewegtheit und voller Lebensfreude. In ihrer Einleitung brachte die Trommel (Mṛdangam) ekstatische Momente in das an Urtöne erinnernde Singen der Vokalistin. Immer wieder lachten die Musiker, als hätten sie einen Höhepunkt erreicht, der abebbte und sich dann zum nächsten Höhepunkt steigerte, sie »spielten« im wahrsten Sinne des Wortes mit ihren Instrumenten. Ich war ergriffen, denn ich spürte, daß in dieser klassischen Musik ein großes Geheimnis lag. Nicht die Form der Musik, ihre fremde ungewohnte Technik, sondern die Freude, die diese Musik ausdrückte, fesselte mich.

ॐ सर्वेषां पूर्णंभवतु
ॐ सर्वेषां मङ्गलंभवतु

Wieder folgte ein Trommelwirbel, die Tänzerin erschien barfuß, mit graziösen federnden Schritten, ihre wunderschönen, zierlichen Füße waren rot umrandet. Schwer und leicht zugleich, ein Wesen, das Süße und Herbheit ausstrahlte, Gazelle und Löwin in einem. Ich hatte nie zuvor einen Menschen gesehen, der Gegensätze so vollkommen in sich vereinigte. Nun hatte sie die Bühnenmitte erreicht und begann gestenhaft den Raum zu teilen. Als ob ein Zauberkünstler zelebrierte, zauberten ihre Hände. Sie ließen Dinge entstehen und vergehen, zogen Linien und malten Bilder in die Luft, ihre Finger waren in immer neuen Stellungen. War dies raffinierte Spiel der Hände Ornament oder tiefe Aussage? War es mehr als nur äußere Form?

Nun fesselte mich die Arbeit ihrer Füße. Immer aufs Neue steigerte die Tänzerin ihre Darstellung durch explosive Rhythmen, die die tanzenden Füße auf den Boden trommelten und durch die an den Fußknöcheln angebrachten zahlreichen kleinen Glöckchen betonten Ausdruck erhielten. Wieder war ein Höhepunkt erreicht, und das federnde Zurückschreiten in den Bühnenhintergrund

ॐ सर्वेषां स्वस्तिर्भवतु
ॐ सर्वेषां शान्तिर्भवतु

glich einem Liebkosen der Erde mit den Füßen. Es gab keine Erklärung für diese unglaublich anmutige Gangart der Bharatanāṭyam-Tänzerin. Bis dahin war Tanz für mich nur Überwindung der Schwerkraft gewesen, und ich war völlig überrascht von diesem anderen Bewußtsein.

Das Unglaublichste waren ihre Augen, sie schienen alles zu verfolgen, alles zu unterstreichen, alles im Bewußtsein zu haben. Voll Wissen um das Leben, seine Geheimnisse und seine Geschehnisse, seine Trauer und seine Höhepunkte waren diese Augen. Sie drückten die Souveränität einer Frau aus, die die Anziehungskraft ihres Körpers kennt. Mir wurde bewußt, daß diese Tänzerin einen Dialog führte. Klug und verführerisch sprach sie mit einem unsichtbaren Partner, den sie anbetete und gleichzeitig zu sich rief.

Sie schien eine tief verliebte Frau zu sein. Wer war dieser Geliebte, mit dem sie durch ihren Tanz sprach? War er ihr Gott, war die Tänzerin in das Leben selbst verliebt, in uns alle? Das blieb mir damals ein Rätsel. Trotzdem fühlte ich, daß ihr Tanz eine Meditation der Liebe war. Die Tänzerin erweckte das Bewußtsein der

ॐ सर्वेषां पूर्णंभवतु
ॐ सर्वेषां मङ्गलंभवतु

Fraulichkeit und ließ immer klarer das verliebte weibliche Wesen erkennen, das sich veredelt, verschönt und kostbarer wird, um das männliche Wesen durch Anbetung zu sich zu locken.
Nach diesem Abend war ich verändert. Ich hatte etwas gefunden, was mir zunächst wie ein Traum erschien. Instinktiv spürte ich damals, daß dieser Tanz aus einem ganzheitlichen Lebensbewußtsein entstanden sein muß, eine Weltanschauung beinhaltet und ein Lebensweg sein kann.
Im kosmopolitischen London, das ich nach Beendigung meines Schauspielstudiums besuchte, fing ich an, mich mit Bharatanāṭyam und Yoga zu beschäftigen. Ich fand eine indische Tänzerin als Lehrerin. Das erste Üben der Tanzschritte schien kompliziert, fast unerlernbar. Doch gleichzeitig fühlte ich, wie dieses Üben innerlich ordnete. Genau wie das Üben von Haltungen des Yoga haben diese Tanzschritte einen Einfluß auf den Körper und damit auch auf die innere geistige Haltung. Sie wekken ein Verständnis für die Energiezentren im eigenen Leib und verstärken die Konzentrationsfähigkeit, denn die Körperglieder

ॐ सर्वेषां स्वस्तिर्भवतु
ॐ सर्वेषां शान्तिर्भवतु

werden zur gleichen Zeit verschieden bewegt. Der Unterricht faszinierte mich von Beginn an und ließ sofort in mir den Wunsch wach werden, Schülerin der großen indischen Lehrer zu werden. Meine Bewerbung am Kalakshetra College of Fine Art in Madras hatte Erfolg, Ende 1976 machte ich mich auf die Reise nach Indien.

Meine erste Begegnung mit Indien war geprägt durch die Armut auf den Straßen der großen Städte. Doch die behenden Bewegungen der Menschen beeindruckten derart, daß man ihre abgenützte Kleidung vergaß. Unter diesen grazilen Gestalten fühlt sich jeder Europäer zunächst wie ein plumper Eindringling. Wie anders war Kalakshetra – die bedeutendste Bharatanāṭyam-Schule in Südindien – hier schien die Armut zu enden! Alles war zauberhaft, tropische Natur, kleine Teiche mit Lotosblumen, Skulpturen und Plätze für die Andacht, strohbedeckte Hütten als Klassenzimmer. Ich wollte Teil dieser Schule werden, Teil dieser Schönheit. Mit überkreuzten Beinen saßen die Schüler auf dem Boden und lernten Sanskrit und die Theorie des Tanzes. Stunden, Tage, Wochen

ॐ सर्वेषां पूर्णंभवतु
ॐ सर्वेषां मङ्गलंभवतु

übte auch ich dann die Grundhaltung eines Tanzes, geöffnete und gebeugte Beine, die rhythmische Fußarbeit möglich macht. Es dauert vier bis sechs Jahre, um ein Bharatanāṭyam-Repertoire zu erlernen.

In den neun Jahren, die ich bisher in Indien gelebt habe, lernte und beobachtete ich, daß Geschicklichkeit und Beweglichkeit des Körpers und der Gesten etwas mit dem Bewußtsein zu tun haben. Die Geschmeidigkeit des Körpers setzt auch einen beweglichen Geist voraus und die Grazie kommt vom Herzen. Eine Tänzerin fühlt ihre Bewegungen.

Durch meine Heirat mit einem Inder kam ich dem indischen Leben noch näher. Der Alltag mit seinen Ritualen findet im abgeschirmten Kreis der Familie statt. Erst durch den Anschluß an eine indische Familie wurden mir Schranken geöffnet, und ich konnte den Mythos im Hinduleben besser verstehen.

Nach der Geburt meines Kindes kamen die Aufgaben einer Mutter. Diese bereicherten mein Leben. Die Rolle der Mutter ist meiner Meinung nach eine wichtige Erfahrung für eine Bharatanāṭyam-

Tänzerin. Die Kunstlehrschrift (Nātyaśāstram) beschreibt eine Tänzerin dann erst als voll ausdrucksfähig, wenn sie Geliebte, Frau und Mutter geworden ist.

Die tiefe Auseinandersetzung mit Bharatanāṭyam hat mein Denken verändert und meinem Leben eine Richtung gegeben. Diese Kunst, die die Strahlen von Sonne und Mond auf dem Boden durch die Tanzschritte fortsetzen will, die die kreisförmigen Drehungen der Sphären nachvollzieht und die Unbeirrbarkeit der Gestirne widerspiegelt, hat meine Beziehung zu meiner Umwelt vertieft. Natur, Erde, Pflanzen und Tiere behandle ich behutsamer, und meine Liebe für die Menschen ist gewachsen. Bharatanāṭyam hat die bedingungslose Liebe zum Thema, und es ist der Tanz, der zum Lebensweg wird. Für mich ist Bharatanāṭyam zu einer Religion geworden, die universellen Gesetzen folgt und die menschliche Beschränktheit außer Kraft setzt im Moment der Einheit aller Existenz.

Wie der Tanz auf die Erde kam

Chaos war. Durch den Rhythmus eines göttlichen Tanzes teilte sich das Chaos in Festes und Flüssiges. Dies aber geschah nirgends anders als in einem schlafenden Gott, der im unendlichen Weltenmeer ruht und alle Existenz in sich trägt und erhält. Diesem Gott wurden tausend Namen gegeben, allen voran Viṣṇu. Aus seinem Nabel wuchs eine tausendblättrige Lotosblüte, in deren Mitte Bramhā, der Schöpfer, erschien. Er beseelte das Flüssige und Feste und schuf so alle Lebewesen.
Danach versank Bramhā in tiefes Sinnen. Er suchte zu ergründen, womit er seine Lebewesen bereichern könne, damit sie freudig den Pflichten des Daseins nachkämen, ihre Langeweile vertrieben sei, sie sich weiter entwickeln und nach Vollkommenheit streben könnten. In diesem Moment wurde Bramhā von den mit Lotos, Jasmin, Lilien und Blüten des Aśoka- und des Mangobaumes geschmückten fünf Pfeilen des Liebesgottes Kāma getroffen und verliebte sich in Sarasvatī, die von ihm geschaffene Göttin der Künste.
Die scheue, liebliche Göttin versuchte, dem verliebten Blick Bram-

hās zu entweichen, und versteckte sich. Doch Bramhā bekam vier Gesichter, die in alle vier Himmelsrichtungen schauten. Als Sarasvatī sich auch verliebte, wurden ihre Schritte zu Tänzen, alles was ihr Mund formte, zu Poesie, und das Spiel ihrer Hände wurde zu Musik. Sie wird deshalb Sangītā genannt: die Einheit von Tanz, Musik und Poesie.

Bramhā zeugte 64 Künste, die Sarasvatī gebar: die Tanzkunst war die Erstgeborene der Künste.

Dann folgte der Gesang und die Musik der Instrumente und auch deren Bau. Die Malerei, die Herstellung der Kolams, der rituellen Zeichnungen auf dem Boden und die Bildhauerei, die Emaillierkunst, die Goldschmiedekünste und die Juwelenschleiferei. Es folgten die Verführungskünste, die Dekoration des Lagers mit Blumen und dann die Liebeskünste, doch was wären diese ohne die Verstellungskünste!

Das göttliche Paar schenkte der Menschheit die Kochkunst, dazu die Salzgewinnung, die Herstellung von Säften, den Gewinn des Öls aus Pflanzen und dazu auch die Zurichtung vielerlei Spei-

sen aus der Milch. Die Pflege und Erhaltung eines Haushaltes ist eine große Kunst, in der die Zubereitungen aus dem Zuckerrohr einen wichtigen Platz einnahmen. Die Töpferei als weitere Kunst erhielten die Besiedler dieser Erde, sowie die Herstellung von Seilen, Garnen und ihre Verwendung, die Schneiderei und die Maskenbildnerei. Pflanzenkunde und Ackerbau, die Verarbeitung des Bambus und anderer Hölzer ward ihnen gegeben. Das Versmaß der Poesie, die Grammatik, die Kunst der Fremdsprachen und die Erzählkunst und die Kenntnisse von Mantras, den heiligen Silben, entstanden durch das Liebesspiel des göttlichen Paares.
Bogenschießen, die Herstellung von Pfeilen, Waffenkünste, das Arrangement des Regiments, der Ringkampf und Akrobatik, die Kletterkünste, Schwimmkünste und alle Verteidigungskünste wurden geboren. Die Erziehung von Kindern ist eine wundervolle Kunst, aber auch die Dressur von Elephanten und Pferden, dem Papagei das Sprechen beibringen und die Inszenierung des Wettkampfes von Hahn, Schaf und Bulle.
Was wäre die Menschheit ohne die Kunst der Chirurgie, ohne die

Kunst von āyurveda, der indischen Medizin, und ohne das hohe Wissen der Alchemie? Magie, Puppenspiel, Kartenspiel, Wahrsagerei, die Parfümherstellung und die Massagetechnik folgten. Die Baukunst und das Schlagen von Brücken, der Schiff- und Wagenbau, die Arbeit mit Feuer, Wasser und Luft wurden als Künste geboren. Das Sparen und Anlegen von Geld und auch der Diebstahl gilt als Kunstform.

Allen voran ist die Kunst, »immer fröhlich zu sein«, und zuletzt die Kunst, die Künste zu studieren, verstehen und lehren. Diese lange Reihenfolge von 64 an der Zahl ergibt in der Quersumme wiederum die Eins und macht damit die Einheit aller Künste sichtbar.

Aus Bramhā entstanden auch die sechs Gefühlszustände, die eine Bharatanāṭyam-Tänzerin immer wieder darstellt: die Mutterliebe, die Freundschaft, die Empfindung der Liebenden, die Liebe der Eheleute, die offene Zuneigung des Kindes und die Liebe des Dienenden für den Herrn.

Diese Legenden hat uns Bharata überliefert, ein weiser Dichter,

ॐ सर्वेषां स्वस्तिर्भवतु
ॐ सर्वेषां शान्तिर्भवतु

der vor etwa 2000 Jahren lebte. In der Sprache der Götter, dem Sanskrit, schrieb er eine Lehrschrift in Versform über die verschiedenen Künste und Gemütszustände nieder. Diese Lehrschrift heißt Nātyaśāstram, sie wird auch als fünfte Veda bezeichnet, denn in dem Nātyaśāstram sind Auszüge aus allen vier Veden enthalten: aus Ṛgveda wurde die Anleitung über die Kunst der Rezitation entnommen, die Beschreibung über mimisch-stilisiertes Tanzen aus Yajurveda, die Erläuterungen über die Musik aus Sāmaveda und die Philosophie des Tanzes aus Atharvaveda. Die vier Veden zu studieren galt als Privileg für auserwählte Kasten, die durch das Studium der Veden erhaben und erleuchtet werden konnten. Nātyaśāstram dagegen enthält praktische Anweisungen, die nicht nur durch das Studium der Philosophie, sondern die Übertragung der Philosophie auf Tanz und Schauspiel eine große Seligkeit und Erleuchtung für den Ausübenden entstehen lassen. Bharata übermittelt uns, daß Bramhā ihm die Feder führte, als er eine schon vor 2000 Jahren blühende Tanzkunst beschrieb und altüberliefertes Wissen sammelte, damit

ॐ सर्वेषां पूर्णंभवतु
ॐ सर्वेषां मङ्गलंभवतु

alle einen Weg zur Erleuchtung finden könnten. Nātyaśāstram ist somit eine Lehrschrift auch für diejenigen, denen das Studium der anderen vier Veden nicht möglich war.
Von Bharata erfahren wir auch, wie die Tanzkunst von den Göttern zu den Menschen kam: Einst tanzten himmlische Nymphen im Theater des Alls vor den Göttern Śiva und Pārvatī. Śiva wird dabei an seinen eigenen kosmischen Tanz erinnert, und er zeigt den himmlischen Tänzern und Tänzerinnen seinen Tanz mit den kraftvollen Posen, den Tāṇḍava.
Pārvatī, Tochter des Himalaya und Gemahlin Śivas, die den geschmeidigen Gang einer Löwin besitzt, fügt Lāsya, das weichfließend graziöse Element, dem Tanz hinzu. Die Göttin Pārvatī brachte die Tanzkunst an einen weltlichen Königshof. Dort lebte die bezaubernde Prinzessin Uṣā, die die Gottheiten durch ihre Verehrung erfreut haben muß, auf daß diese ihr den göttlichen Tanz schenkten. Später kam Uṣā durch ihre romantische Hochzeit in die Heimat Kṛṣṇas. Er wird als der bezeichnet, der die Herzen aller stiehlt, die an ihn denken. Die Gopīs, die Dorffrauen,

waren alle unwiderstehlich in den flötenspielenden Kṛṣṇa verliebt. Uṣā lehrte die liebeskranken Gopīs die Kunst des Tanzens. In verliebter Verzücktheit tanzten sie unter dem Vollmond am Ufer des gemächlich dahinfließenden Yamunāflusses. Ihre ekstatische Begeisterung übertrug sich auf die Frauen und Mädchen der umliegenden Dörfer, alle begannen zu tanzen. Von hier aus verbreitete sich die Tanzkunst in die ganze Welt.
Wo Liebe ist, wird Tanz sein, Musik mag dann beiden als Nahrung dienen.

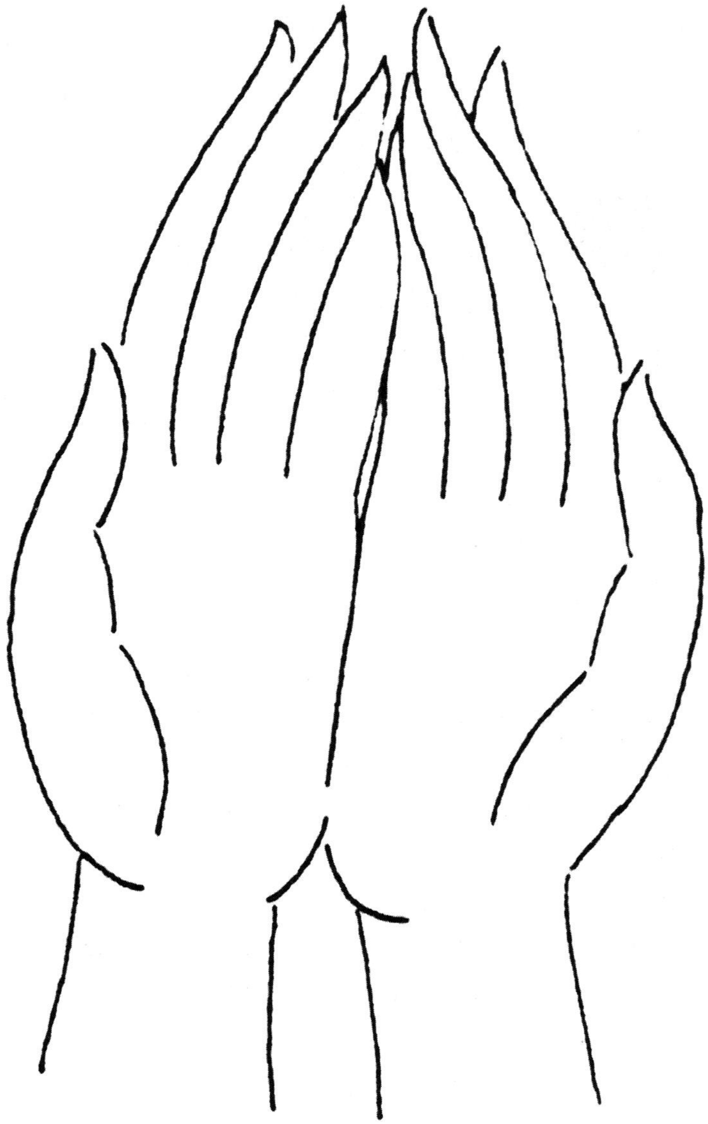

Die Gebärde Puṣpānjali
– das Blumenopfer –

Das Blumenopfer

Blumen werden Ungünstiges beseitigen,
die Erde liebkosen und die Götter erfreuen.
Blumen werden die Weisheit fruchtbar machen und
die Zuschauer beglücken.
Tänzerin, opfere Blumen, um dich zu schützen,
um deinen Tanzplatz zu schmücken.

Abhinaya Darpana

Eine Tānzerin braucht Glück, um andere beglücken zu können. Es ist wichtig, schlechte Vorzeichen, böse Gedanken und negative Energien vom Ort des Tanzes fernzuhalten. Auf den Tanzplatz, der rein sein muß, streut die Tänzerin vor jeder Aufführung Blumen. Ihre Erscheinung gleicht selbst einer seltenen Blüte. Alles Alltägliche hat sie abgelegt, durch Mantras, Gebetsworte, ihr Inneres beruhigt, ihre Sinne gesammelt und ihren Geist gereinigt. Als Vermittlerin zwischen Himmel und Erde ist sie in ein kostbares Gewand aus sechs oder neun Meter langer schwerer Seide mit Goldbrokaträndern gewickelt. Es glänzt in kontrastreichen Farben: rot und grün, gelb und lila oder türkis und orange, prächtig sind die Farben und niemals trägt die Nāyikā schwarz. Verschiedenartig ist dieser lange Stoff, der Sari, gewickelt und manchmal auch kunstvoll zu einem Kostüm im Pyjama-Stil genäht. Ihre Augen sind mit schwarzem Kajal umrandet. Kajal wird aus dem Ruß einer Öllampe gewonnen, die in der ruhigen Neumondnacht abgebrannt wurde. Kajal hält das Auge rein und schützt vor dem bösen Blick. Fußsohlen und Hände der Tänzerin sind mit küh-

lender Hennapaste verziert, um die Gesten deutlich sichtbar zu machen.
Der Schmuck der Tänzerin gleicht dem Schmuck der weltlichen Braut, sie ist ja auch die mystische Braut Gottes. An sieben Stellen ihres Körpers trägt sie die rituellen Schmuckstücke aus Gold und Silber mit Rubinen und anderen Edelsteinen besetzt. Die kostbaren Geschmeide bedecken die sieben wichtigsten Energiezentren im Leib. Diese Energiezentren, Chakras genannt, die entlang der Wirbelsäule liegen, sollen durch Silber und Gold stimuliert und durch die Edelsteine beschützt werden.

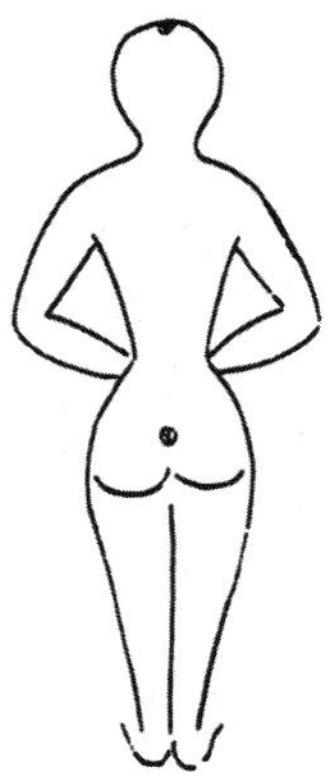

Die Wirbelsäule gleicht dem »heiligen Speer«, der nach der Legende dem Gott Muruga (dem »Speerträger«) von Śiva und Śakti überreicht wurde und überirdische Kräfte besitzen soll. Bharatanāṭyam ist so aufgebaut, daß die Wirbelsäule bei keinem Tanzschritt gebogen oder geknickt wird. Immer bleibt sie gerade, und auch jedes Vorwärtsbücken geschieht mit geradem Rücken. Nur so können die Chakras, die man sich wie Energie-Räder vorstellen kann, den Energiestrom fließen lassen. Ganz am Ende der Wirbelsäule ruht die geheimnisvolle Schlangenkraft, die Kuṇḍalinī. Ist sie erwacht, muß sie aus dem Körper getrieben werden, denn sie kann die Chakras blockieren und dadurch negativ wirken. Wenn sie von einem zum anderen Chakra hinaufgedreht wird und das oberste erreicht hat, kann sie den Körper verlassen, und so wird der Mensch frei und dauerhaft glückselig.

Blockiert sie die Chakras, dann ist die Entwicklung des Menschen gestört und er ist anfällig für Krankheiten. Bharatanāṭyam ist ein Übungsweg, die Kuṇḍalinī hochsteigen zu lassen und hinauszubefördern. Das erste Chakra wird durch die vierblättrige Lotosblume symbolisiert. Es ist der Sitz der Urdualität am Ende der Wirbelsäule, an diesem Punkt muß der Zopf der Tänzerin enden. Er ist mit einem Band, verziert mit drei silbernen Glocken, umschnürt. Im mit Jasminblüten geschmückten Zopf der Tänzerin steckt das Nāgajuwel, das einen Schlangenkopf darstellt und die aufsteigende Kuṇḍalinī versinnbildlicht.

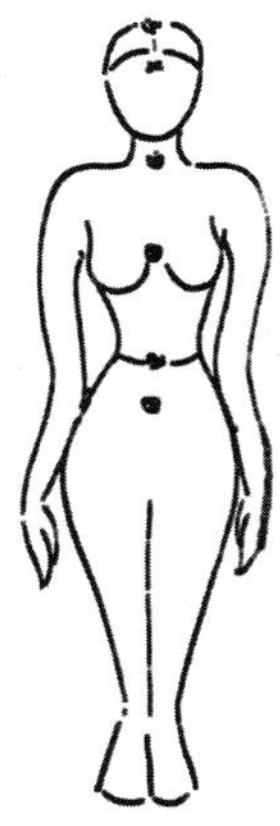

Das zweite Chakra unterhalb des Nabels bedeckt die Tänzerin mit dem silbernen Hüftgürtel, das dritte Chakra in der Taille ist fest mit einer goldenen Spange umschlossen. Die Brust und das vierte Chakra bedeckt die Tänzerin durch eine Kette aus Ornamenten und goldenen Münzen. Auch der Hals, dort wo das fünfte Chakra liegt, ist mit einer mangoförmigen, enganliegenden Kette umschlungen.

Das sechste Chakra liegt hinter der Stirn, über den Augenbrauen. Eine zweiblättrige Lotosblüte steht für dieses Chakra und deutet an, daß sich nun die dualen Kräfte treffen. Dieser Punkt der geistigen Transzendenz wird als Śivas drittes Auge bezeichnet. Alle gläubigen Hindus tupfen sich an diese Stelle ein Mal aus rotem Kurkumapuder. Kurkuma ist gemahlene Gelbwurzel, die in der indischen Medizin als desinfizierend gilt. Heute wird das rote Mal hauptsächlich von Frauen getragen, die sich durch Kurkuma mit der Kraft der göttlichen Śakti in Verbindung bringen, denn Kurkuma wurde zuvor der weiblichen Gottheit geweiht. Auch die Tänzerin trägt das rote Stirnmal.

Das letzte Chakra befindet sich auf dem höchsten Punkt des Kopfes. Dieses Chakra symbolisiert die tausendblättrige Lotosblüte, denn tausend steht für eins. Im Bharatanāṭyam zeigt man die Tausend und die Eins mit der gleichen Handgeste. Hier entweicht die Kuṇḍalinī, die Dualität ist aufgehoben, der Mensch kommt zur

Erleuchtung. Diese wichtige Stelle des Körpers bedeckt die Tänzerin mit einem runden Schmuckstück (einer Art Kappe), die mit Diamanten oder Kristallen verziert ist.
Der Scheitel, der den Körper in rechts und links, Sonne und Mond, Ha und Tha, einteilt, ist mit einem langen Ornament im gleichen Stil der anderen Juwelen geschmückt, die Schmuckstücke, rechts die Sonne, links ein Halbmond, sind in das Haar eingebunden. Auch die Ohren sind mit Schmuck bedeckt, und die Nase ziert ein kleiner Diamant. Alle Schmuckstücke der Tänzerin gehören zum Tempelschmuck.
An den Füßen trägt die Tänzerin ihr Instrument, jeweils hundert gebundene kleine Schellen. Diese Glöckchen verehrt sie als Sterngottheiten.
Der Zuschauer mag von nun an die Tänzerin wie eine Blüte genießen und ihren ätherischen Duft einsaugen. Im Tanz entfaltet sich die Nāyikā und weiht sich selbst wie eine kostbare Blüte dem Göttlichen.

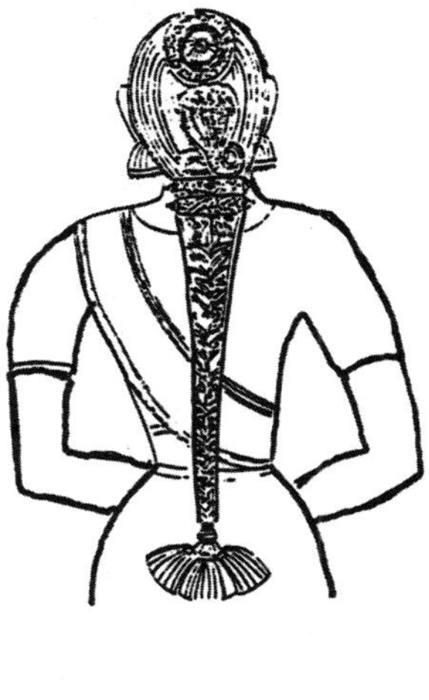

Die Gebärde Puṣpāñjali – *das Blumenopfer*

Hohlraum in den Händen,
er kann geben und empfangen.
Diese Geste ist dem Spender
und dem Bettler gleich!

Die Gebärde Anjali
– das Opfer –

Der Gruß

... als heilige Füße vollkommener Tänzer
Staub aufwirbelten
wurde die Erde ...

Ṛgveda *(10.72.6)*

Die Erde ist ihrem Wesen nach rund und weiblich. Sie ist unser aller Mutter. Sie nährt und spendet fortwährend und gibt dadurch die Kraft zum Leben. Alles erträgt sie auf sich, und ihre Geduld ist einmalig. Sie ist heil, schön und vollkommen und seit altersher dem Menschen heilig, obwohl dies in unserem Zeitalter immer mehr in Vergessenheit gerät.

Nun begegnen wir einer Tänzerin, die in enger, liebevoller Beziehung zur Erde steht und uns ein Lebensgefühl offenbart, daß alles aus der Erde Entstandene verehrungswürdig ist. Sie beginnt und beendet ihren Tanz seit uralter Zeit mit einer Huldigung an die Erde. Durch diesen ersten Ritus wird sie zu einer Schwester der Erde, zu einer symbolischen Figur, durch die wir Betrachter angeregt werden sollen, über den Wert des Lebens nachzudenken.

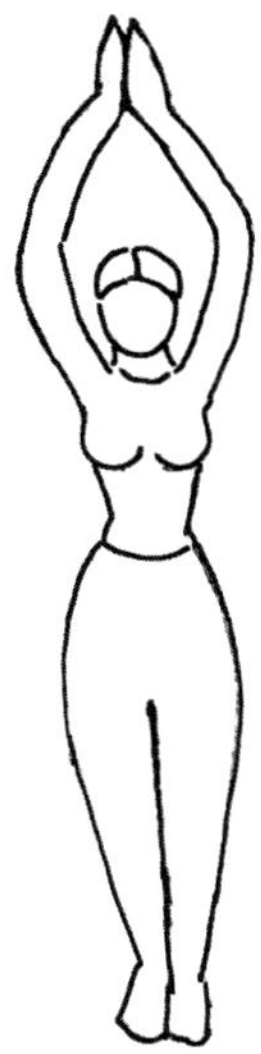

Die Erde, die wir in ihrer Größe nicht erfassen können, ist in Indien durch die symbolische Figur einer lieblichen Frau – Bhūmī (die, die ist) genannt – bildhaft geworden. Viṣṇu, der Gott, trägt sie in seinen Armen und errettet sie vor dem Ertrinken in den Fluten des Weltenmeeres. Auch die Tänzerin – Nāyikā (die, die führt) – tanzt sich in die Arme der Götter. Sie kann unsere Seele zum Ziel unseres tiefsten menschlichen Sehnens führen, zur Transzendenz. Die Huldigung an die Erde, mit der alles beginnt, heißt Namaskāram – die Begrüßung. Die Tänzerin steht aufrecht mit geschlossenen Beinen (Sthānaka), sie faltet die Hände zur Geste Anjali. Anjali bedeutet Opfer. Durch diese Geste bringt die Tänzerin sich selbst dar, indem sie ihre persönlichen Gedanken opfert und Teil eines uralten Rituals wird. Sie begrüßt mit zwei kräftig liebkosenden Fußaufschlägen ihrer nackten Fußsohlen die Erde, dann öffnet sie die Beine, senkt ihr Gesäß, bis es auf den erhobenen Fersen ruht. Aus dieser Urhockhaltung der Frau, aus Mullumandi, ruft sie die Erde an. Ihre Hände lösen sich kreisförmig aus Anjali und berühren mit einer neuen Geste den Boden. Wenn sie diese Geste zu den Augen – den Toren ihrer Seele – führt, ist die liebevolle Beziehung zwischen Erde und Geist hergestellt. Die Kraft der Erde und die Weite des Geistes verbinden sich im Körper der Tänzerin, die sich dann wieder zur stehenden Position erhebt. Es folgt Anjali über dem Kopf im leeren Raum gehalten, sie erfleht den Segen der

Götter. Mit Anjali vor der Stirn gehalten ehrt sie die Lehrer, und Anjali vor dem Herz begrüßt alle Menschen.

Namaskāram ist ein Gebet, es steht am Beginn des Tanzes oder des Übens sowie am Ende. Mit Namaskāram wird die Erde um Verzeihung gebeten, falls die Tänzerin sie mit ihrem Fußaufschlag verletzt haben sollte.

Die Grundhaltung der Tänzerin ist erdverbunden, sie besteht aus einem Halbsitz, dem Ardhamaṇḍalī. Dabei sind die Beine gebeugt, das Körperzentrum gesenkt und das Ego erniedrigt. In Ardhamaṇḍalī ist die Tänzerin in einem vollendeten Kreis eingeschlossen. Aus diesem Rund heraus spielt sie mit den Fußsohlen auf der Erde. Tänzerin und Erde lassen zusammen eine wunderbare Musik erklingen in diesem jahrtausendealten Tanz, der heute den Namen Bharatanāṭyam – indischer Tempeltanz – trägt.

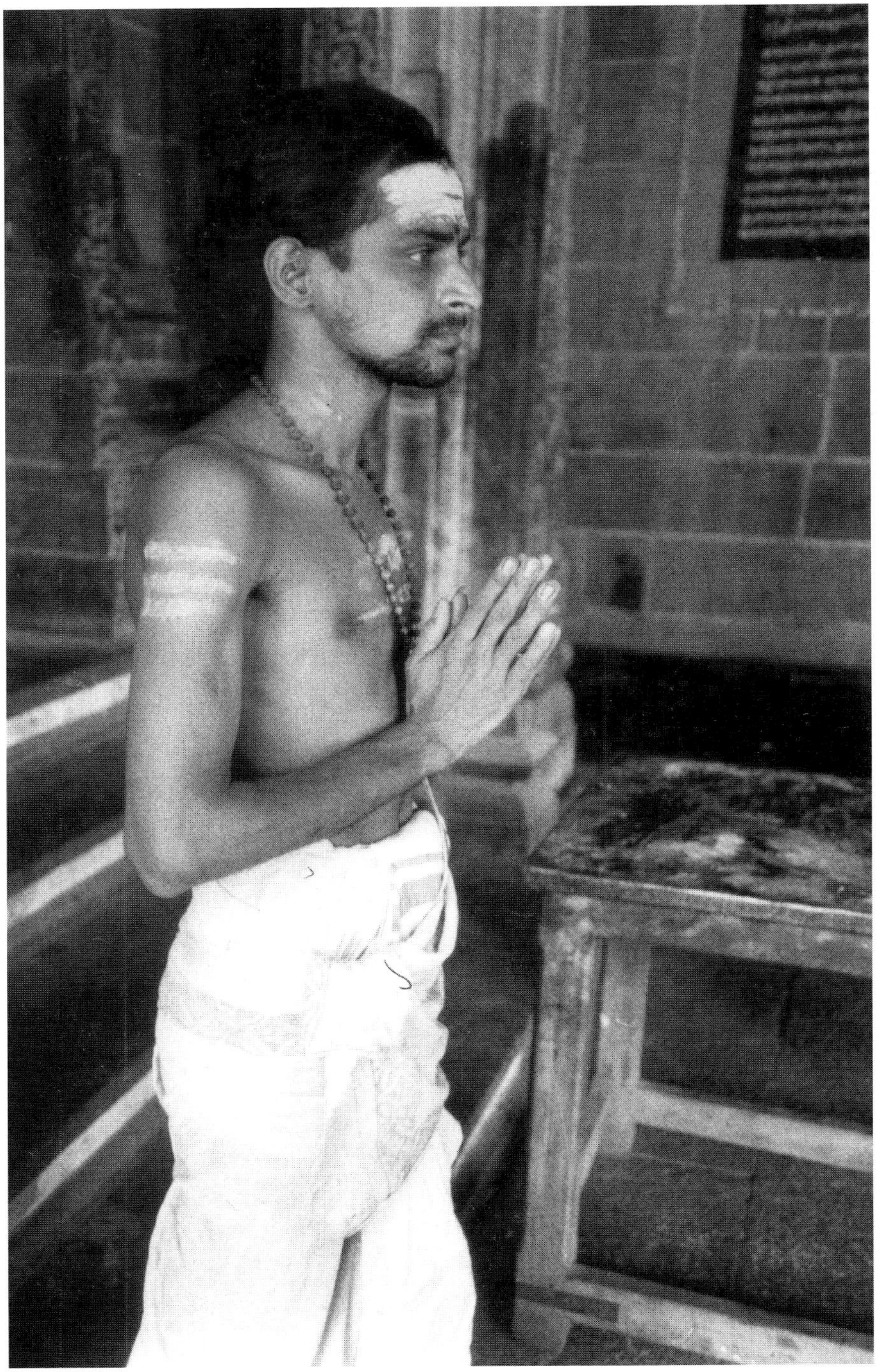

Die Gebärde Anjali *– das Opfer*

Seine fünf Sinne opfert der Priester
durch die schlicht gehaltenen Hände
und begrüßt täglich die Götter.
Die Gebärde des Opfers, die betenden Hände,
verbindet Ost und West.

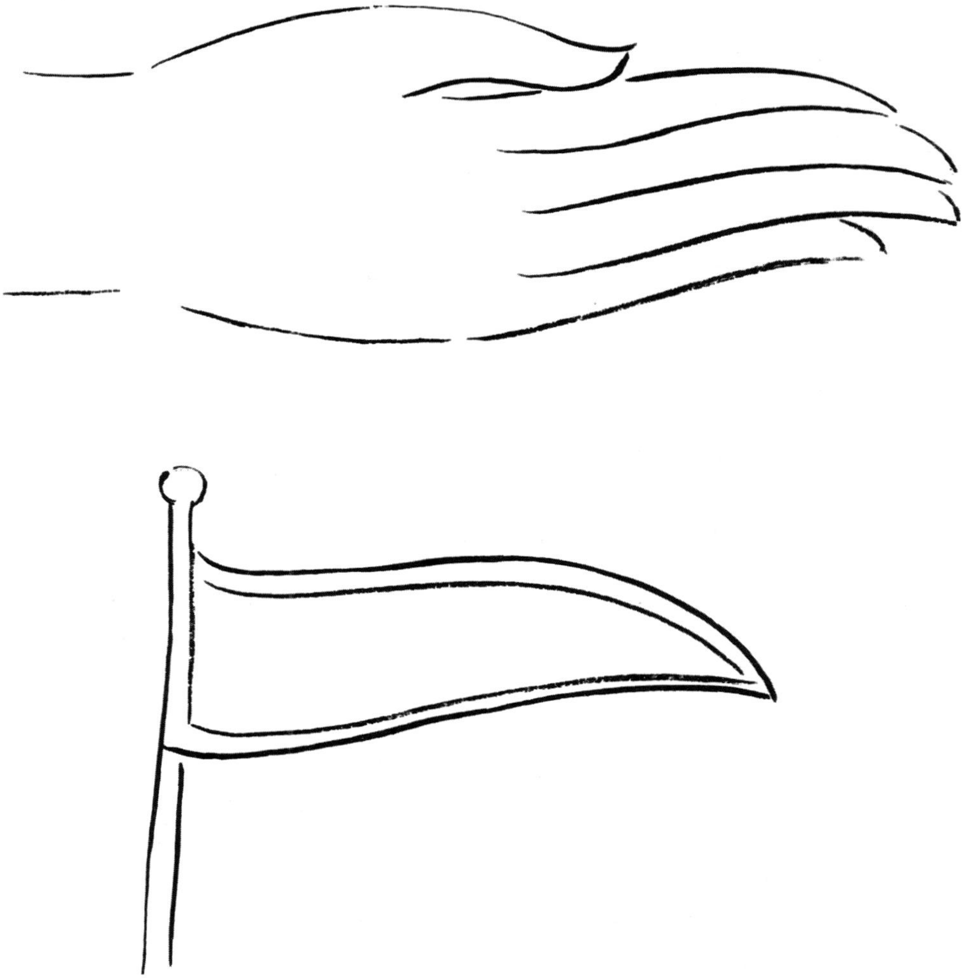

Die Gebärde Patāka
– die Flagge –

Der göttliche Tanz

Wenn die Aśvins,
die göttlichen Helden tanzen,
ist es die Zeit,
die dahineilt.

Ṛgveda *(6.63.5)*

Die Veden sind ewige Weisheiten. Sie sind uralt, genau wie das Rauschen des Meeres oder das Singen des Windes. Es ist unbedeutend, wann sie entstanden sind, denn die Wahrheit ist zeitlos. Alle Elemente werden in den Veden beschrieben und als tanzende Gottheiten verehrt. So tanzt die Morgenröte als wunderschöne junge Frau im roten Gewand am Himmel. Die Sturmgottheit wirbelt wild tanzend in den Lüften. Die Wassergottheiten tanzen, das ganze Universum ist ein kosmischer Tanz, und der uralte König der Gottheiten, Indra, tanzt umgeben von seinen himmlischen Tänzerinnen, den Apsarās, in seinem Palast.

Die Veden gab es längst, als viel später das Bild der Trinität, Bramhā, Viṣṇu, Śiva – der Schöpfer, der Erhalter, der raumschaffende Zerstörer – entstand. Auch diese Hindugötter tanzen und werden immer mit Tanz in Verbindung gebracht. Ein Dichter bittet die indische Göttin Sarasvatī, auf seiner Zunge zu tanzen. Viṣṇu, in seiner Inkarnation als Kṛṣṇa, tanzt unter dem Vollmond mit den Gopīs, den Mädchen aus den Dörfern, das Rāsalīlā, den Tanz der

ॐ सर्वेषां स्वस्तिर्भवतु
ॐ सर्वेषां शान्तिर्भवतु

Liebe. Kṛṣṇa besiegt den Schlangendämon und tanzt auf dessen vielen Köpfen einen Freudentanz. Er hüpft dabei mit spielerischer Leichtigkeit von Kopf zu Kopf des Schlangendämons und zeigt tanzend den Sieg des Guten über das Böse.

Śiva und Śakti tanzen um die Wette, in diesem Wettkampf besiegt Śiva Śakti, denn die weibliche Gottheit ist sich der Öffnung ihres Schoßes als Muttergöttin bewußt und wird daher ihr Bein nicht vertikal erheben. Śiva, in seiner Form als Naṭarāja, tanzt im Kreislauf der wiederkehrenden Leben. Auch die Söhne von Śiva und Śakti, Ganapati und Muruga, tanzen in der Vorstellungswelt der Hindus. Was gäbe es Näherliegendes, als sich diesen tanzenden Gottheiten tanzend zu nähern, sie durch Tanz zu erfreuen, ihre Geschichten tanzend zu erzählen und sich mit ihnen tanzend vereinigen zu wollen?

Deshalb entstanden in Indien viele verschiedene Formen von Tanz, die alle die Götter verehren. Muruga-Anhänger tanzen mit Wassertöpfen auf dem Kopf, versenken ihre Gedanken in Muruga, und der Wassertopf fällt nicht von ihrem Kopf. Für andere Gottheiten tanzen die Gläubigen gar auf Feuer und spüren dank ihrer

ॐ सर्वेषां पूर्णंभवतु
ॐ सर्वेषां मङ्गलंभवतु

Versenkung ins Göttliche keine Schmerzen. Allerlei Volkstänze gedenken Kṛṣṇa und vieler anderer Götter.

Auch die klassischen Tanzkünste Indiens haben die Verehrung und Anbetung des Göttlichen als zentrales Thema. Über mehr als zwei Jahrtausende hinweg haben sich neben Bharatanāṭyam fünf verschiedene klassische Tanzstile entwickelt. Sie haben sich dem Sprach- und Sittengebrauch der verschiedenen Regionen, in denen sie entstanden sind, angepaßt. Deshalb unterscheiden sie sich in ihrer Form, das Thema der Verehrung des Göttlichen ist jedoch allen gemeinsam. Im Norden Indiens, in der Region von Jaipur und Lucknow, entstand Kathak, in Assam Maṇipūri, in Orissa Odissi, in Kerala Kathakaḷi und in Andhra-Pradesh Kuchipudi. Bharatanāṭyam, aus Tamil Nadu, ist der älteste klassische Tanzstil. Der Weise Bharata beschrieb vor 2000 Jahren die Tamilen schon als ein Volk mit einer blühenden Tanzkunst.

Glauben und Tanzen sind eins in der Weltanschauung der Hindus. Kṛṣṇa sagt im Epos Bhāgavata Purāṇa: »Wie – ohne daß das Haar sich sträubt, ohne daß die Gedanken hinschmelzen, ohne aufgelöst zu sein in Freudentränen, ohne Hingabe – kann das

Herz gereinigt werden? Wessen Gedanken sich auflösen, wer fortwährend weint, manchmal lacht, wer schamlos singt und tanzt, wer mir verfallen ist hingebungsvoll, der wird die Welt retten.«

Die Nāyikā in diesem Buch geht den Weg des Bharatanāṭyam. Dieser Tanz hat seinen Siegeszug aus den südindischen Tempeln hinaus auf die Bühnen der Welt angetreten. Heute ist er in ganz Indien der verbreitetste Stil, während die anderen Tanzstile mehr regionale Bedeutung haben. In übertragenem Sinn heißt Bharatanāṭyam »Bha« – Bhava (= Ausdruck), »ra« – Raga (= Melodie), »ta« – tala (= Rhythmus) und »Nāṭyam« (= Tanz); sein Name allein weist also schon auf die Verbindung zwischen Ausdruck, Melodie und Rhythmus (Bha-ra-ta) hin.

In vielen Ländern rund um den Erdball erobert er sich ein Publikum. Durch seine Direktheit erreicht er alle Menschen und bleibt doch rätselhaft in seiner unübertroffenen Koordinationsfähigkeit, seiner rhythmischen Kraft und seiner geheimnisvollen Grazie. Er ist der älteste Tanzstil der Welt, und in ihm liegt jene wissende Bewegung, die Natur und Mensch verbindet. Seine Tänzerinnen gelten als die schönsten der Welt.

Die Gebärde Patāka – *die Flagge*

Die göttliche Hand segnet –
für die Tänzerin wird diese Gebärde zur Säule,
hinter der sie Gott erwartet,
die Gemüsefrau überzeugt
mit der schlichten Geste den Käufer.

Die Gebärde Hamsāsya
– der Schwan –

Von der Vollkommenheit

Ich bin die Königin, sammle Reichtümer,
klug, weise, in der Hingabe vollkommen,
berufen hat mich die heilige Kraft
zu allen Orten, meine Heime sind zahlreich,
ich bin tausenderlei.

Ṛgveda *(10.125.3)*

Das Wasser ist wegen seiner allesreinigenden und erneuernden Kraft die Königin der Elemente. Nicht nur wäscht es den Schmutz hinweg, es löscht auch alle schlechten Taten eines Menschen, und ein Bad in den fließenden Wassern der Ganga reinigt von allen Sünden. Deshalb ist in vielen Kulturen das Bad Bestandteil eines religiösen Rituals. Das Wasser fließt gleichmäßig und fortdauernd, es ist behende und trotzdem voll innerer Kraft. Wenn die Bewegungen der Tänzerin dahinströmen, einem Fluß gleich, hat sie die Vollkommenheit des Wassers erreicht. In uralten Zeiten hießen die Tänzerinnen deshalb Apsarās – die, die sich im Wasser bewegen. Blumen, vom Wasser und der Erde genährt, sind vollkommen. Die Natur, ohne Eingreifen des Menschen, ist vollkommen in ihrem Gleichgewicht, sie ist still und friedlich, und die Weisen suchen sie als Zufluchtstätte. Das ausgeglichene Gemüt eines tief mit

der Natur verbundenen Menschen ist vollkommen, ist sāttvik. Sāttvika ist die innere Natur ohne Makel, ohne unausbalancierte Leidenschaften, es ist die leuchtende Ausstrahlung eines Heiligen oder das reine Wesen eines Kindes.
Die Tänzerin erlangt die Tugend von Sāttvika durch die Meisterschaft über ihre Kunst. Ihr Tanz ist dann von höchster königlicher Schönheit und läßt die Zuschauer wahres Leben spüren, ohne Verhüllung. Die Nāyikā ist ein tadellos gereinigter Spiegel der Gefühle, Sehnsüchte und Hoffnungen, die verborgen in jedem sind. Sie gleicht einem klaren, ruhigen See, dessen Wasser alles spiegeln. Diese Vollkommenheit in der Kunst läßt sich nicht allein durch Willen erreichen. Im 1. Vers der Tanzlehrschrift, des Abhinaya Darpana, heißt es:

Dessen Körperglieder die Universen sind –
Sprache Allklang
Schmuckstücke Mond und Sterne
jenes vollendete Eine – Śiva benenne es!

Dieser Gebetsvers ist auch eine Anleitung für die Tänzerin:

Mein Körper ist die Welt
āṅgikaṃ bhuvanaṃ yasya
Sein Rhythmus ist in allen Sprachen
vācikaṃ sarvavāṅmayam
Seine Ornamente spiegeln den Kosmos
āhāryaṃ candra tārādi
Sein vollendeter Ausdruck (Bhāva) ist Śiva.
taṃ namassāttvikaṃ śivam

āṅgikaṃ bhuvanaṃ yasya

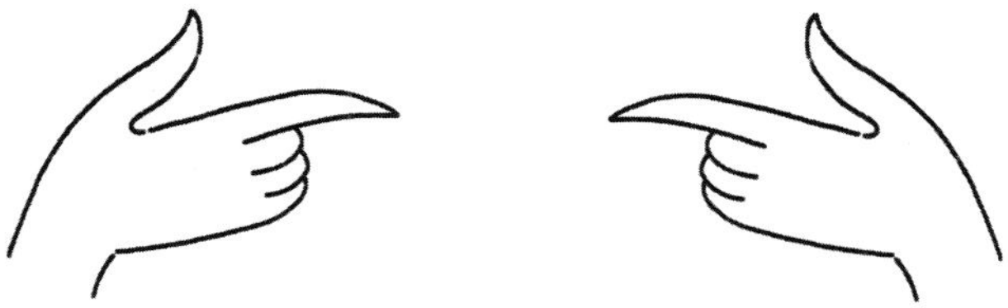

āṅgikaṃ
Mein Körper
Candrakalābheda zu Patāka
den Körper entlang

bhuvanaṃ
die Welt
Sūcī oben rechts
ausgestreckt kreisen

yasya
ist
Candrakalābheda
vor der Brust

vācikaṃ sarvavāṅmayam

vācikaṃ

Sein Rhythmus ist

Candrakalābheda am Mund

sarva

in allen

Sūcī von links nach rechts führen

vāṅmayam

Sprachen

Candrakalābheda am Mund (wie oben)

āhāryaṃ candra tārādi

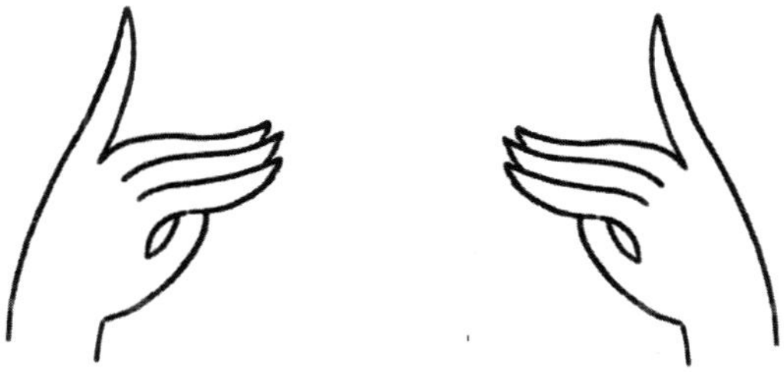

āhāryaṃ

Seine Ornamente

Catura von der Schulter an
in drei Punkten zur Brust

candra

(der Mond)

linke Hand schräg nach oben
in Alapadma

tārādi

(die Sterne)

rechte Hand schräg
nach unten in
Kāngula

candra tārādi

spiegeln den Kosmos

taṃ numassāttvikaṃ śivam

taṃ
Sein
rechte Hand nach vorn
in Sūcī

numah
Anjali vor der Brust

sāttvikaṃ
vollendeter Ausdruck (Bhāva)
rechte Hand vor der rechten Brustseite
in Hamsāya

śivam
ist Śiva
Śivalinga vor der Brust

Vollkommenheit im Tanz zu erreichen ist vierteilig: durch das Wirken des Lehrers erreicht man die erste Stufe, die zweite durch Beobachtungsgabe, die dritte Stufe ist die Auseinandersetzung mit sich selbst und auf der letzten Stufe befindet die Tänzerin sich immer, es ist ihr dauernder Tanz, denn die Vollkommenheit kommt von selbst mit der Zeit. Der Lehrer führt zur Beherrschung der *Glieder*, er lehrt Gesang und die *Wort*silben, die den Tanz angeben. Sie lernt vom Tanzmeister sich nach vorgeschriebenem Ritual zu kleiden und *Ornamente* zu tragen. *Sāttvika* lehrt sie Śiva, *Er* kommt von selbst in ihren Tanz, immer wenn sie tanzt.
Eine Tänzerin, die diese vier Stilmittel vollkommen in sich trägt, kann auch verborgene Erregungen zeigen. Hier offenbart sie die unfreiwillige körperliche Auswirkung der Gefühle, wie erröten, zittern, schwitzen. Ist ein Mensch zornig, so zeigt sich der Zorn unwillkürlich in der Gesichtsröte, selbst wenn der Zornige seinen Zorn verbergen möchte. Durch Sāttvika, durch den inneren gereinigten Zustand, kann eine Tänzerin diese körperlichen, unwillkürlichen Reaktionen zeigen, ohne selbst zornig zu sein

ॐ सर्वेषां स्वस्तिर्भवतु
ॐ सर्वेषां शान्तिर्भवतु

oder sich mit dem Wesen des Zorns zu identifizieren. Das ist die Vollkommenheit in der Kunst. Niemals steigert sich eine Tänzerin dramatisch in die realistische Situation eines Gefühls, sie bleibt unberührt, ist wie das Wasser.

Wenn die Hände einer noch unerfahrenen Tänzerin die Wellen des Meeres beschreiben, so erahnen manche Zuschauer ein Meer. Aber wenn dieses durch die Sāttvika-Natur einer erfahrenen Tänzerin geschieht, kann der Zuschauer alles erfahren, was das Meer ist. Man sieht nicht mehr die Tänzerin, sondern erlebt, wie Wellen von ihrem Körper ausströmen, ihre Hände tanzend zu Schaumkronen werden, ihre Augen die Weite und die Endlosigkeit des Meeres offenbaren und ihre Füße das nimmerendende Auf und Ab des Meeres werden, kurz: wie durch die Tänzerin das Meer fließt. Dank ihrer inneren Konzentration auf das Bild des Meeres kann sie die ganze Stimmung und alle Eigenschaften des Meeres widerspiegeln. Genauso unwillkürlich wie der Zorn die Gesichtsröte hervorruft, genauso unwillkürlich entstehen die Bewegungen des Meeres, wenn die erfahrene Tänzerin sich ein Meer vorstellt.

ॐ सर्वेषां पूर्णंभवतु
ॐ सर्वेषां मङ्गलंभवतु

Sāttvika ist die Seele der Kunst, denn Sāttvika macht die Zuschauer zu Sehern. Sie sehen eine Wirklichkeit, die durch die Konzentration und den vom Persönlichen gereinigten Zustand der Tänzerin entsteht. Wenn der sechzigjährige große Tanzmeister Kelucharan Mohapatra uns das ganze Spiel der Liebenden zeigt, und wir in uns die Liebenden spüren, ihre Schönheit, ihren Eros, ihr Verlangen und ihre Hingabe, wenn wir dann den Tanz Mohapatras vergessen und uns das Wesen des liebenden Gemüts zu neuen Dimensionen im Lieben anregt, dann ist das Ziel der vollkommenen Tanzkunst erreicht.

Die Gebärde Hamsāsya – *der Schwan*

Die Gebärde der Erleuchteten
entsteht im Alltag.
Hier werden Steinchen aus dem Reis gelesen,
und er wird »auserlesen« rein.

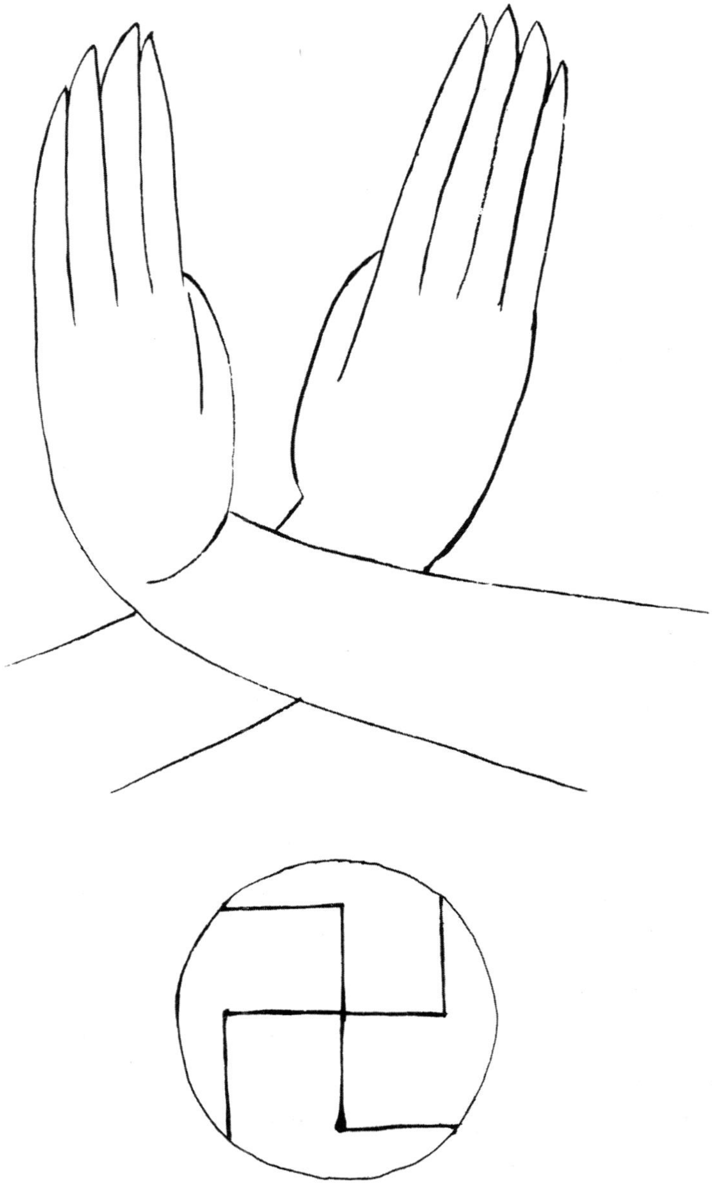

Die Gebärde Svastika
– das Kreuz –

Füße hinterlassen Spuren

Śri Rāma
immerzu will ich deine Füße besingen,
deine göttlichen Lotosfüße;
sie haben die Arroganz des Königs geheilt,
die versteinerte Ahalyā erlöst
und deinen Fährmann erleuchtet.

Der Dichter Tulasidasa
(16. Jhdt., mündlich überliefert)

In Indien haben die Füße eine besondere Bedeutung, auch die Sensibilität eines Menschen erkennt man an seinen Füßen. Die Berührung eines Menschen oder wertvollen Gegenstandes mit dem Fuß gilt als äußerst verletzend, und man entschuldigt sich durch eine Handgeste. Hochachtung für einen verehrungswürdigen Menschen entbietet man dessen Füßen, indem man sich hinunterbeugt, sie mit den Händen sanft berührt und die Stirn vor ihnen auf den Boden senkt. An den Füßen der Götter verlangt es die Dichter zu meditieren, und die Heiligen lobpreist man mit Liedern über die Taten ihrer Füße.
Auch die Füße der Nāyikā sind etwas Besonderes. Sicher hat sie die schönsten Füße aller Menschen, voll Kraft, mit langen entspannten Zehen, einem gespannten Spann, der die Fußwölbung zu einem Bogen werden läßt, und mit festen Fußsohlen.
Die Positionen des Bharatanāṭyam haben die Füße herrlich ge-

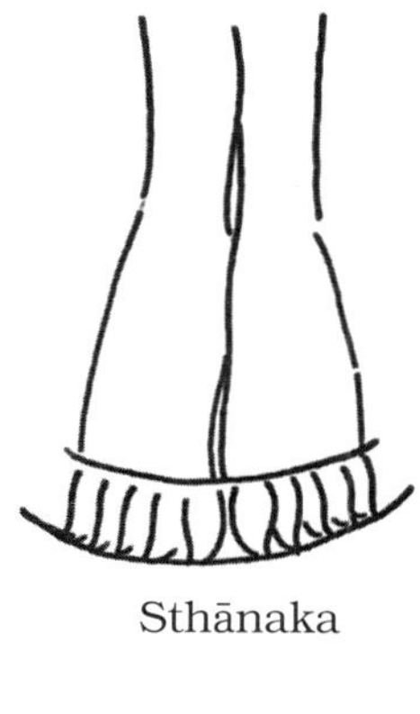
Sthānaka

formt. Die zehn wichtigsten Fußstellungen heißen Maṇḍalas, denn sie ergeben ein Muster. Werden die Zuschauer auf die Füße der Tänzerin aufmerksam, wird es schwer, den Blick wieder von diesen Füßen abzuwenden. Blitzartig wechseln sie ihre Stellungen zu neuen Bildern, neuen Maṇḍalas, und zeichnen unsichtbare Linien, Dreiecke und Kreise auf den Tanzplatz. Alle Tanzschritte sind so geplant, daß sie den Bühnenboden in ein großes Maṇḍala einschließen, wenn die Nāyikā von Position zu Position federt, gleitet oder springt.

Was ist das besondere an einem Maṇḍala? Ein Maṇḍala ist eine kreisförmige in sich geschlossene Anordnung mit einem Mittelpunkt. Die Maṇḍalas ziehen gute Kräfte aus dem Universum, deshalb malen die Frauen in Südindien solche Maṇḍalas auf die gereinigten Böden vor ihren Häusern und Hütten. Sie bestehen aus einer ungebrochenen einzigen Linie, aus vielen Dreiecken oder ineinander verschlungenen Kreisen, die mit Reismehl, das durch Daumen und Zeigefinger gleitet, gezogen werden.

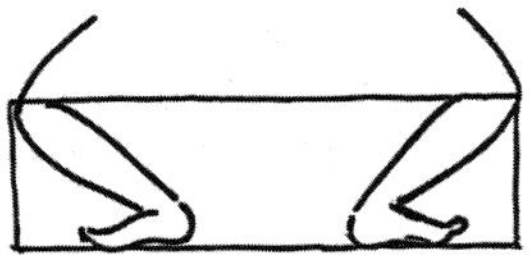

Āyata

Maṇḍalas sind eng mit der Lebensphilosophie Indiens verbunden:

Die ewig wiederkehrenden Geburten bilden einen Kreislauf, ein Rad, in dem Śiva tanzt – ein Maṇḍala der Zerstörung und Entstehung. Verliebte Gopīs tanzen im großen Kreis mit Kṛṣṇa und bilden so ein Maṇḍala der Liebe und der Fortdauer dieser Welt. Die tausendblättrige Lotosblüte, aus der Bramhā einst erschien, versinnbildlicht ein Maṇḍala der Schöpfung.
Maṇḍalas sind auch Teil einer Wissenschaft vom Raum. Die Maṇḍalas zeigen, wie man den unendlichen Raum des Universums in kleinen Einheiten erkennen kann. Im alten Indien wurden die Stellungen der Füße in der Kunst des Bogenschießens Maṇḍalas genannt. Prinzen und Krieger lernten Tanz und Bogenschießen als Künste, die ihnen Kenntnisse über den Raum vermitteln sollten. Die Vögel fliegen und bilden ein Maṇḍala. Der Wind malt Maṇḍalas in den Wüstensand, und das Meer zeichnet sie auf den Strand. Die Sterne am Himmel bilden Maṇḍalas, und schließlich graben Zeit und Elemente Maṇḍalas den Steinen ein. Überall um uns im weiten Raum entstehen und vergehen Maṇḍalas. Die Kuchipudi-Tänzerin, deren Tanzstil dem Bharatanāṭyam sehr verbunden ist,

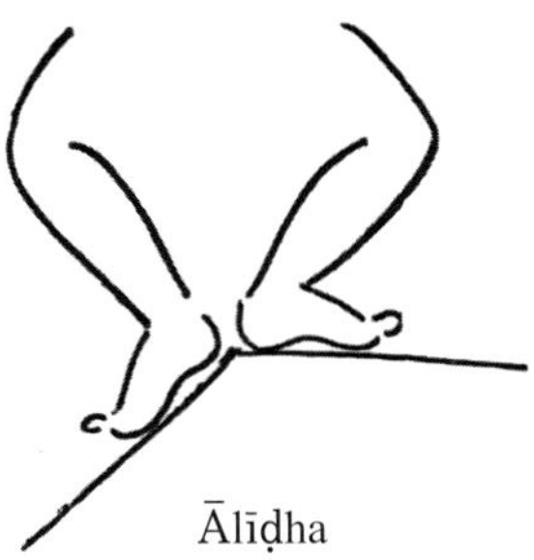
Ālīḍha

läßt eine große Leinwand über den Bühnenboden spannen, unter dieser liegt farbiges Reismehl. Sie betritt die Leinwand und beginnt zu tanzen. Nach Beendigung des Tanzes wird die Leinwand hochgezogen, und ein großes Maṇḍala ist entstanden.
Maṇḍalas sind auch ein Symbol für geordnetes Denken. Dieses beginnt bei den Füßen. Wir sprechen von den »Spuren« großer Menschen, wenn wir ihren Taten nachspüren. Welche Wege die Füße gehen, mit welchem Bewußtsein sie auftreten, gibt Auskunft über den Charakter eines Menschen.
Von den zehn Maṇḍalas lassen sich nur neun statisch darstellen, das zehnte, Moṭitam, bezeichnet die Bewegung zwischen Samasūcī und Pārśvasūcī.
Außer den zehn Maṇḍalas kennt die Tänzerin eine Anordnung von Gangarten und Sprüngen, die immer in einem der zehn Maṇḍalas enden. Die Nāyikā macht durch die Zeichnungen ihrer Füße jeden Ort, auf dem sie tanzt, zu einem Kraftfeld ritueller Energien.

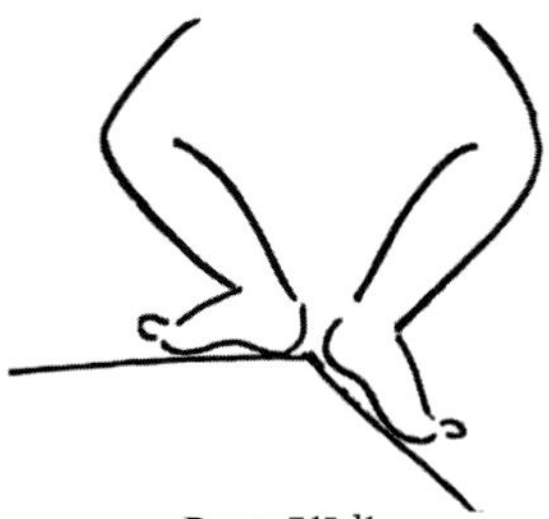
Pratyālīḍha

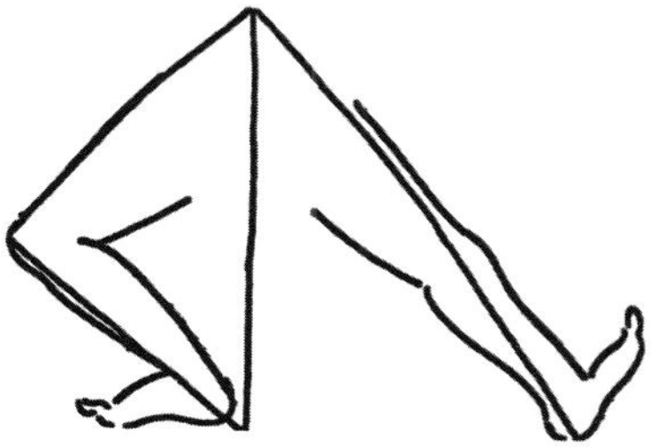

Prenkhaṇa

Prerita

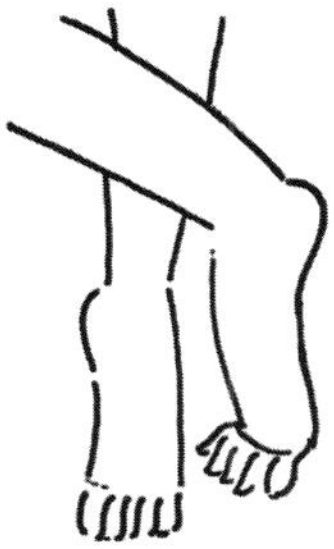

Svastika

Samasūcī

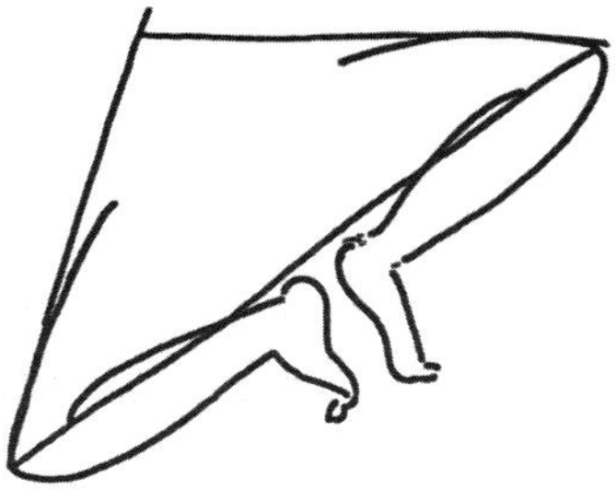

Pārśvasūcī

Die Gebärde Svastika – *das Kreuz*

Svastika, eine Geste der Füße,
ist ein Bild der Balance:
ein Fuß verwurzelt den Menschen mit der Erde,
der andere verbindet ihn mit dem Himmel.

Die Gebärde drittes Kaṭakāmukha
– das Mudra für Vogel –

Ritus der Gebärde

Papagei im Käfig der Weisheit
Sperling in den Gärten der Veden,
Pfau im Dickicht der Schriften,
Seligkeit in den Herzen der Edlen. –
Sie,
die Göttin des Friedens,
der Geist der Schönheit,
im Blick des Mitleids
und in der liebevollen Hand einer Mutter.

Der Dichter Kālidasa
(2. Jhdt. v. Chr., mündlich überliefert)

Es scheint, als würden in den Händen der Nāyikā all die wundervollen Dinge in dieser Welt auf- und untertauchen, wenn sie in stilvollen Gesten zum Ausdruck kommen. Ihre Gebärdensprache ist einmalig in der Welt der Künste. Die Vielfalt ihrer Gesten versinnbildlicht nicht nur materielle Gegenstände und Tätigkeiten, sondern umschließt auch die Gefühle und die Welt des Imaginären. Es gibt 28 verschiedene Gesten einer Hand, die Asamyutahastas, und 24 verschiedene Gesten beider Hände, die Samyutahastas.

Jede Geste, jedes Hasta, kann viele Begriffe ausdrücken und zum Mudra werden. Die Handgeste Kaṭakāmukha zum Beispiel, die diesem Kapitel vorangestellt ist, kann zum Mudra für den Vogel, aber auch für die unsichtbare Kraft der göttlichen Śakti oder für

ॐ सर्वेषां स्वस्तिर्भवतु
ॐ सर्वेषां शान्तिर्भवतु

»weiblich« werden. Hastas werden zu Mudras, wenn sie etwas Konkretes versinnbildlichen. Mudras sind eine vollkommene Zeichensprache.

Übersetzt heißt Mudra Siegel. Es ist ein Merkmal, durch das die Identität von etwas Bestimmten genau festgestellt werden kann. So heißen auch die Tätowierungen am Oberarm, die früher viele Menschen in Indien trugen und die Auskunft über ihre Kaste oder Sippenangehörigkeit gaben, Mudras. Wird ein Kind geboren, so identifiziert man es als Junge durch sein Glied, und so ist das Glied ein Mudra für »männlich«. Das Hasta Śikhara, der erhobene Daumen, ist in der Gebärdensprache das Mudra für Herr, Mann oder Gott.

Jede indische Gottheit läßt sich durch ein ganz spezifisches Mudra erkennen. Außerdem gibt es Mudras für die verwandtschaftlichen Verhältnisse, die neun Planeten und die Kasten. Auch die Gefühlszustände lassen sich durch Mudras ausdrücken. Eine Faust machen wir, wenn wir wütend werden, und so ist die Geste Faust ein Mudra für die Wut. Unwillkürlich machen wir auch eine

ॐ सर्वेषां पूर्णंभवतु
ॐ सर्वेषां मङ्गलंभवतु

Faust, wenn wir große Schmerzen überwinden wollen, so ist das Hasta Faust in diesem Zusammenhang das Mudra für die Überwindung, die Stärke.

Im Tanz erkennt man die jeweils gemeinte Bedeutung aus dem Zusammenspiel von Augen- und Gesichtsausdruck und der Haltung und Bewegung des Körpers der Tänzerin. Wenn sie vor ihrem Herzen lächelnd, augenbrauenzitternd, das Hasta Knospe zum Hasta Lotosblume öffnet, ist das Mudra der Liebe entstanden: Der Lotos in ihrem Herzen hat sich geöffnet.

Der Kreativität und Eigenheit der Tänzerin bleibt beim Einsatz der Hastas ein Freiraum. Hamsāsya z. B. wird angewandt, »um den Docht der Öllampe hochzuziehen«. Der Erfahrung, dem Wissen und der Phantasie der Tänzerin ist es überlassen, wie und wann sie dieses Hasta vorführt. Es kann beispielsweise zum Mudra für »abends« werden, denn wenn es dunkel wird, zieht man den Docht hoch.

Oder ein anderes Beispiel: Alapadma Hasta heißt »Sonne zeigen« (nach oben ausgestreckter rechter Arm mit über dem Kopf gehaltener Handgeste). Durch gewisse Akzente macht die Tänzerin es zum Mudra für »abends«: wenn sie dieses Hasta des rechten Arms von der linken Schulter halbkreisförmig über den Kopf zur rechten Schulter führt, den Lauf der Sonne vom Aufgang bis zum Untergang darstellt und die Betonung auf dem Ende dieser Position liegt.

Bereits im 11. Jahrhundert hat Nandikeśvara aus der umfangreichen Kunstlehrschrift Nātyaśāstram die Tanzlehrschriften herausgenommen, überarbeitet und als Abhinaya Darpana (»Spiegel der Gesten«) herausgegeben. Es findet heute noch als Lehrbuch für alle Tanzschüler Verwendung.

Das Spiel der Mudras bedarf des stundenlangen Übens der Tänzerin in auf dem Boden sitzender Stellung, dann erst können ihre Hände die Welt der Poesie lebendig machen.

Die Gesten der einzelnen Hände und ihre Anwendung

Patāka – Flagge
Der Anfang des Tanzes, Wolken, Wald, »nein« sagen, die Brust zeigen, Nacht, Fluß, Himmel, Pferde, schneiden, Wind, schlafen, vorwärtsgehen, groß, eine Ehre erweisen, Mondlicht, starkes Sonnenlicht, Türen öffnen und schließen, Anredeform, kleine Wellen, Straße, eine Straße betreten, Gleichheit, den Körper schmücken, Ich, einen Schwur ablegen, Stille, ein Palmblattmanuskript, ein Waffenschild, die Gelenke, massieren, segnen, König, so und so sagen, einen Platz beschreiben, große Wellen, Erfolg, Anrede höherer Persönlichkeiten, vorwärtsgehen, Schwert halten, Monat, Jahr, Zeitalter, fegen.

Tripatāka – Wimpel
Krone, Äste des Baumes, Indras Waffe, Indra, Blume, Lampe, Flammen und Feuer, Taube, Ornamente, die man aufs Gesicht oder den Körper malt, Bogen und eine drehende Bewegung.

Ardhapatāka – Halbflagge
Blätter, ein Brett, Küste, »nein« sagen, Säge, sägen, kleines Messer, Fahne, Turm, die Hörner.

Einzelhände

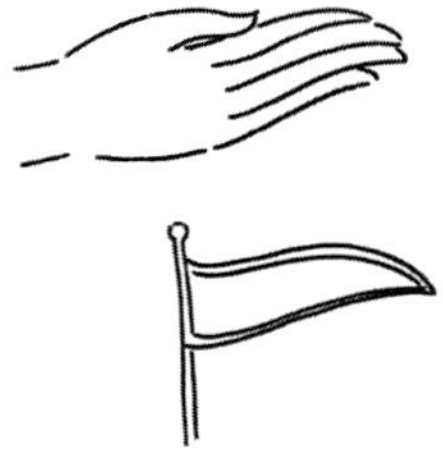

Patāka

Tripatāka

Ardhapatāka

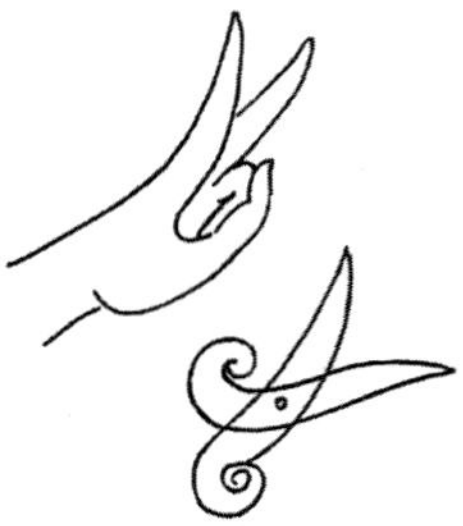

Kartarīmukha

Mayūra

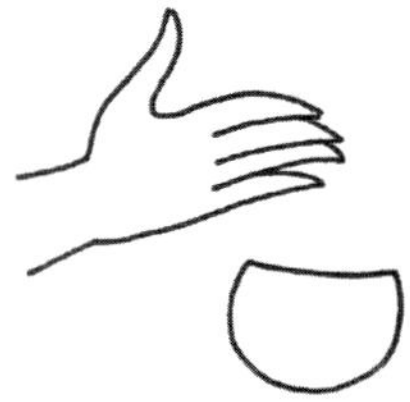

Ardhacandra

Arāla

Śukatuṇḍa

Muṣṭi

Śikhara

Kapittha

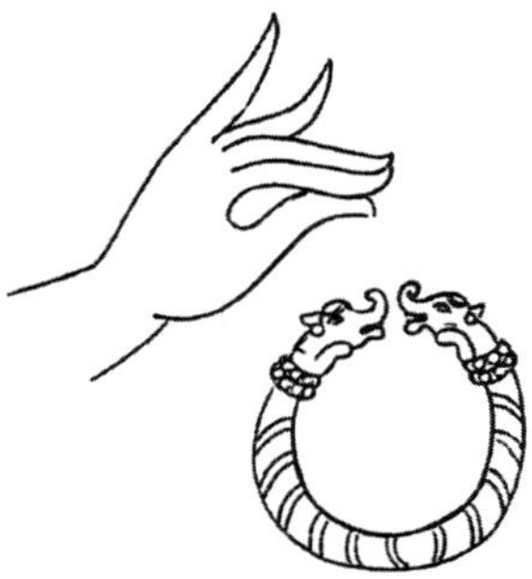

Kaṭakāmukha

Sūcī

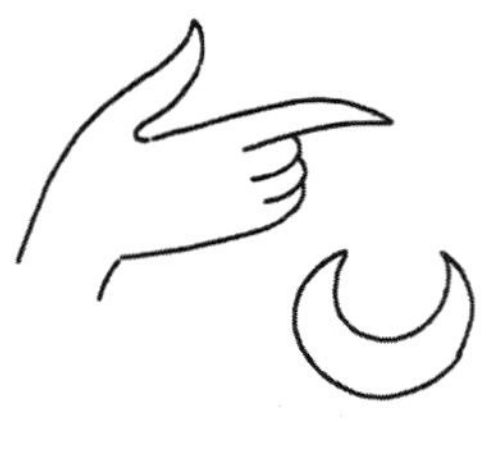

Candrakalā

Padmakośa

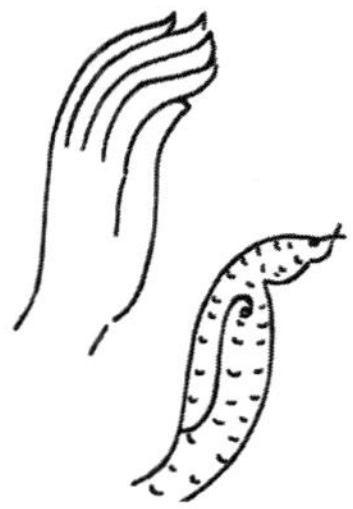
Sarpaśirṣa

Mṛgaśīrṣa

Siṃhamukha

Kāngula

Alapadma

Catura

Bhramara

Hamsāsya

Hamsapakṣa

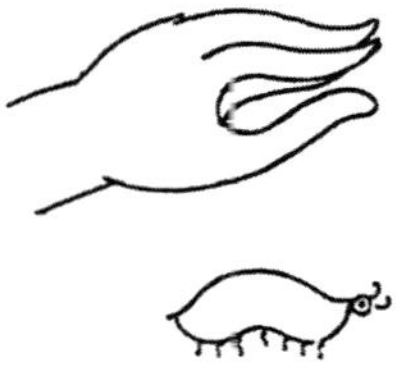
Sancamśa

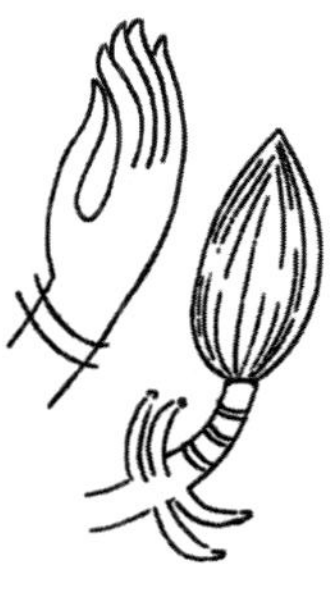
Mukula

Tāmracūḍa

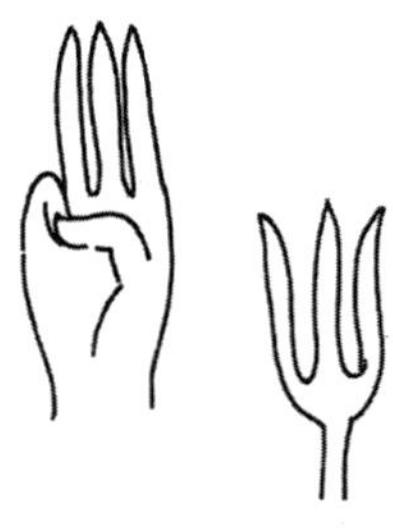
Triśūla

Kartarīmukha – Schere
Trennung zwischen Mann und Frau, dies oder das sagen und Gegensätze anzeigen, drehende Bewegung, Augenwinkel, der Tod, listig sein, Blitz, alleine zu schlafen während der Trennung, fallen und die Schlingpflanzen.

Mayūra – Pfau
Pfau, Schlingpflanze, Vogel, sich zu erbrechen, verknotetes Haar entwirren, sich einen Punkt auf die Stirn malen, Fluß, Wasser auf sich sprenkeln beim Ritual, die Lehrschriften diskutieren und »berühmt« sagen.

Ardhacandra – Halbmond
Mond, der achte Tag nach dem Neumond, jemand an die Kehle greifen, Speer, rituelle Geste, Eßteller, Ursprung, Taille, nachdenken, das Selbst zeigen, meditieren, beten, seine Gelenke berühren, Mitmenschen begrüßen.

Arāla – Knick
Gift oder Nektar trinken, einen wilden stürmischen Wind zeigen.

Śukatuṇḍa – Papageiennase

Bogenschießen, Speer, sich an etwas erinnern, über geheimnisvolle Dinge reden, eine wütende Stimmung ausdrücken.

Muṣṭi – Faust
Einen festen Willen bezeugen, das Haar ergreifen, Stärke darstellen, etwas festhalten, die Stimmung des Boxers beim Ringkampf.

Śikhara – Berggipfel
Gott der Liebe, Bogen, Säule, »bestimmt« sagen, rituelle Opfer für die Toten, Lippen, eingießen, die Zähne, fragen, Phallussymbol, »nichts« sagen, nachdenken, schauspielern, jemanden am Gürtel packen, umarmen, eine Glocke läuten.

Kapittha – Frucht (des Bilwabaumes)
Lakṣmi, Sarasvatī, Tāla angeben, Naṭṭuvāngam spielen, Kuhmelken, Kajal in die Augen malen, Blumen halten während des Liebesakts, das Ende eines Seils ziehen, ein Tuch über den Kopf ziehen, Licht opfern beim Ritual.

Kaṭakāmukha – Öffnung des Armreifs
Blumen pflücken, eine Perlenkette halten, sie tragen, den Bogen

spannen, Betel anbieten, Moschus herstellen, reiben und riechen des Parfüms, sprechen, schauen.

Sūcī – Nadel
Eins sagen, die Allseele zeigen, 100 sagen, die Sonne, Stadt, Welt, dieses und jenes sagen, einen leeren Platz zeigen, jemandem drohen, dünn werden, Dornen, den Körper zeigen, erstaunt sein, Zopf, Schirm, Fähigkeit, die Hände zeigen, Augenbrauen, Trommeln schlagen, Töpferscheibe, das Drehen des Rades, sich konzentrieren, das Ende eines Tages.

Candrakalā – Mondsichel
Mondsichel, Gesicht, eine Maßeinheit, die vier Finger, die Krone von Śiva, Gangā, Axt.

Padmakośa – Lotosblütenschaft
Früchte, Bilwafrucht, die Brüste einer Frau, eine runde drehende Bewegung, ein Ball, eine Speiseplatte, essen, sich öffnende Blüten, Mangos, Blumenregen, ein Bündel von Blumen, Rezitation von Mantras, eine große Glocke, ein Symbol mit Gelbwurzel, ein Ameisenhaufen, eine Lotosblüte, ein Ei.

Sarpaśirṣa – Schlangenkopf
Sandelpaste, eine Schlange, die mittlere Note, Wasser sprenkeln, Ernährung, Wasser den Göttern opfern, ermutigen, Schädel des Elefanten und die Arme von Ringern.

Mṛgaśīrṣa – Tiergesicht
Frauen, Wangen, das Rad und seine Spanne, Angst, eine Diskussion, Kostüm und Kleidung, rufen, eine religiöse Stirnbemalung, das Gesicht eines Rehs, ein Kolam, die Füße massieren, Haus der Liebe (Vagina), laufen und jemand rufen, den man liebt.

Siṃhamukha – Löwengesicht
Einen rituellen Opferplatz bereiten, ein Hase, ein Elefant, trockenes Gras fürs Pūja, Lotosgirlande, Gesicht eines Löwen, Medizin herstellen und ausprobieren.

Kāngula – Kuhschwanz
Eine Frucht, eine kleine Glocke, Glocke, ein Vogel, Betelbaum, Brüste eines jungen Mädchens, weiße Wasserlilie, eine bestimmte Art von Wasservogel, ein Kokosnußbaum.

Alapadma – Lotosblüte
Voll erblühter Lotos, Elefantapfel, sich drehen, die Brust, die Trennung vom Geliebten, der Spiegel, der Vollmond, Schönheit beschreiben, Haarknoten, die Terrasse auf dem Dach, auf der man das Mondlicht genießt, ein Dorf, Zorn, ein See, ein Wagen, ein Vogel, flüstern und jemand preisen.

Catura – Viereck
Moschus, sehr wenig, Gold, Kupfer, Eisen, naß, Sorgen, ästhetische Genüsse, Augen, Verschiedenheit von Hautfarbe und Kaste, Beweis, Süße, langsam laufen, in Stücke fallen, Gesicht, Öl- und Teezubereitung.

Bhramara – Biene
Biene, Vogel, Flügel, Kranich und Kuckuck.

Hamsāsya – Schwan
Einen Talisman umbinden, Anweisung geben, »sicher« sagen, Gänsehaut bekommen, Perlen, die Dochte der Lampen hochziehen, der Stein des Goldschmieds, Jasmin, ein Gemälde, malen, beißen und einen Damm zeigen.

Hamsapakṣa – Schwanenflügel
Die Zahl 6, eine Brücke bzw. einen Damm herstellen, Nägel, Zeichen in der Haut, verbergen.

Sandamśa – Zange
Der Bauch, etwas den Göttern opfern, Wunden, Würmer, eine große Ehre, die Zahl 5.

Mukula – Knospe
Wasserlilie, essen, Gott der Liebe, Mudras auf die Arme zeichnen, der Nabel, die Bananenblüte.

Tāmracūḍa – Hahnenkamm
Hahn, ein Kranich, eine Krähe, ein Kamel, ein Kalb und ein Schreibstift.

Triśūla – Dreizack
Das Blatt vom Bilwabaum, die Zahl 3 und die heilige Trinität.

Doppelhände

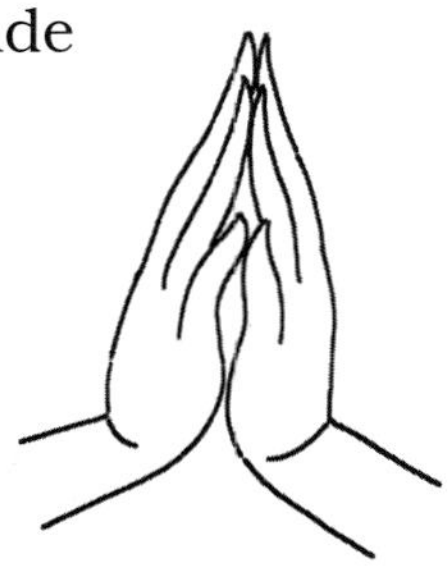

Anjali

Kapota

Karkaṭa

Svastika

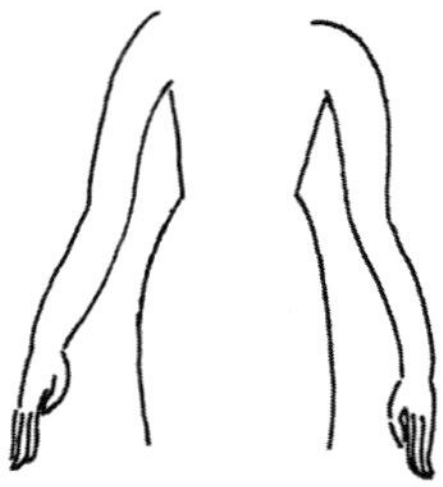

Dola

Puṣpapuṭa

Utsanga

Śivalinga

Kaṭakāvardhana

Kartarīsvastika

Śakaṭa

Śankha

Cakra

Sampuṭa

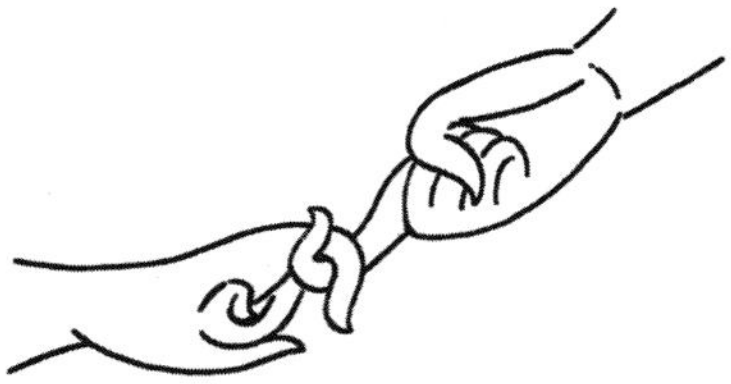

Pāśa

Kīlaka

Matsya

Kūrma

Varāha

Garuḍa

Nāgabandha

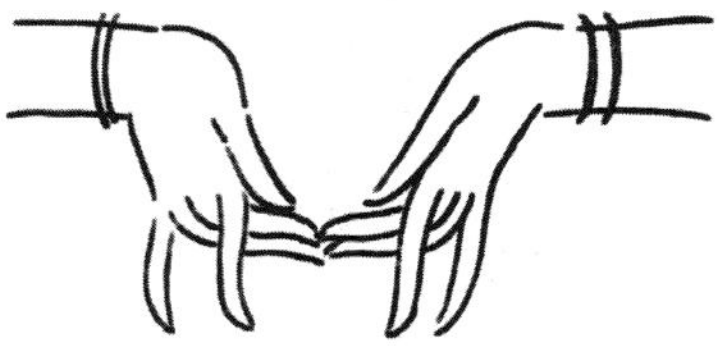

Khaṭvā

Bheruṇḍa

Avahittha

Die Gebärde drittes Kaṭakāmukha – *das Mudra für Vogel*

Die Gebärden des Alltags setzen Zeichen,
diese Zeichen werden zu kunstvollen Mudras.

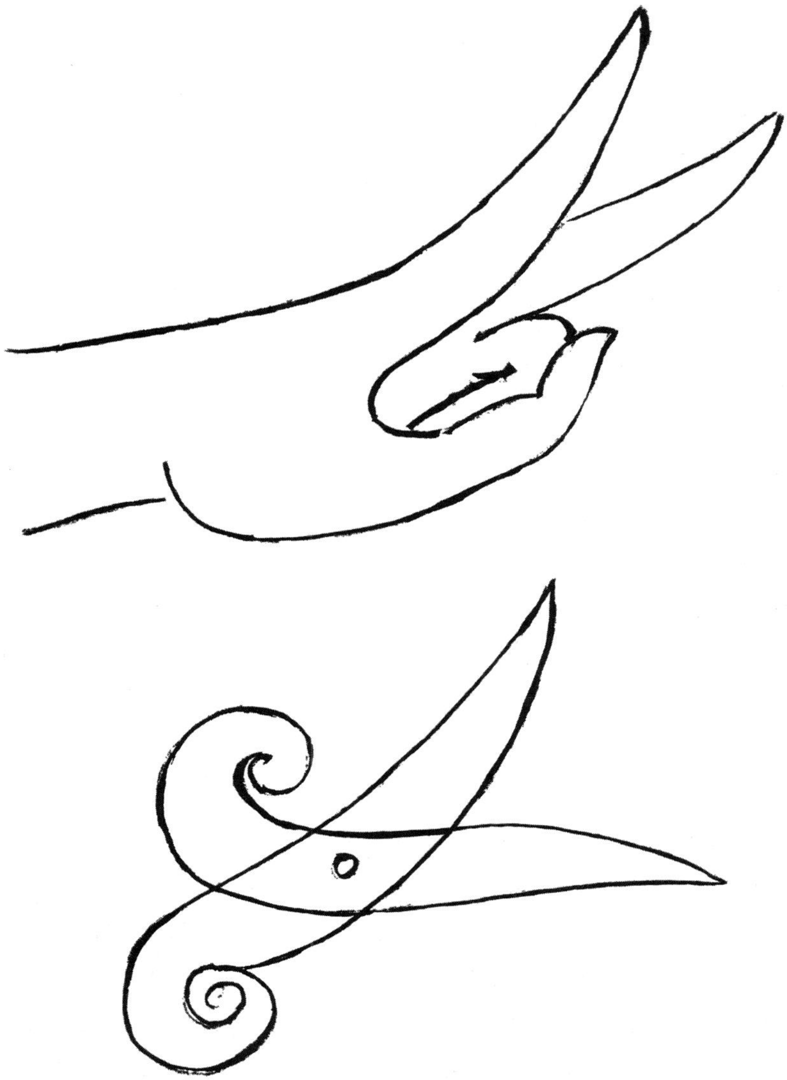

Die Gebärde Kartarīmukha
– die Schere –

Kopf, Hals und Augen tanzen

Hebe, o Herr, ich bitte dich,
den Schleier von meinen Augen.
O Augen, blickt tief,
Hari ist doch immer da.
Weg mit eurer Faulheit, ihr Augen,
blickt Hari ruhig und stetig an,
seht ihn an nach Herzenslust.

Der Dichter Nanalal
(1877–1946)

Das faszinierendste an der Tänzerin sind ihre Augen! Bei der Huldigung an die Erde, beim Namaskāram, waren sie noch für einen Moment zum Gebet geschlossen. Aber wenn die Nāyikā die fischförmigen Lider hebt, beginnt eine Vorstellung ohnegleichen: ihre Augen schauen mit einer ungeheuren Direktheit geradeaus (Sama), die Tänzerin sieht von sich ab, und jeder Zuschauer fühlt sich von diesen Augen angelockt.

Als ob sie an längst vergangene Ereignisse denken und diese zurückholen wollen, so weit schauen die Augen daraufhin in die rechten Augenwinkel hinein (Sāci). Alsbald gleichen sie einem flinken Reh und gleiten von Augenwinkel zu Augenwinkel (Pralokita), ein schelmischer Ausdruck entsteht, und noch wissen wir nicht, was die Tänzerin alles vorhat. Plötzlich, wie ein Pfeil, schießt ihr Blick aus dem Augenwinkel in den Zuschauerraum und trifft uns mitten ins Herz. Ein Blick, der sanft schmeichelt, freundlich beruhigt, sich aber plötzlich verändert: listig, scharfsinnig und durchdringend kann er sein. Weit nach oben schauen die Augen (Ullokita) nach Unerreichbarem oder Wundervollem, verschwinden fast im oberen Lid. Ihr Ausdruck ist gefüllt von Hingabe, als ob sie die Götter schauen würden, oder aber auch um den Mond zu beschreiben. Dann sehen die Augen nach unten und wieder geradeaus (Anuvṛtta), als ob sie den Geliebten einladen wollen, verweilen dann mit dem Blick ganz nach unten (Avalokita), den eigenen Schatten betrachtend oder in tiefes Nachdenken versunken. Mit halb geschlossenen Lidern machen sie die Welt der Meditation deutlich (Nimīlita), und einen Moment erscheint die Tänzerin wie hypnotisiert. Doch gleich darauf blicken die Augen klar, geradeaus. Diese Augen können höhnisch spotten, ablehnend sein und sogar in schnellen Kreisen rollen (ālokita), dann wirken sie

ॐ सर्वेषां पूर्णंभवतु
ॐ सर्वेषां मङ्गलंभवतु

zornig oder mitgenommen. Weit geöffneten Toren gleichen diese Augen der Nāyikā, und aus ihnen heraus kann die Seele sehen. Wie eine scharfe Lanze kann ihr Blick plötzlich stechen, dann wieder kann er durch seine Stille und Direktheit versöhnlich und tröstend sein.

Die Augen der Nāyikā offenbaren eine Welt voller Geschichten, Erlebnisse und Empfindungen. Auch die Augenbrauen sprechen, zittern sie, zeigen sie Verdacht, hocherhoben Wunder oder Grauen, oder sie ziehen sich argwöhnisch zusammen.

Der bewegliche Hals der Bharatanāṭyam-Tänzerin ist einzigartig, in keinem anderen Tanzstil wird diese Perfektion angestrebt. Geschmeidig gleitet er in kleinen Bewegungen hin und her. Dieses berühmte »Halswackeln« (Sundarī) der Tänzerin zeigt ihre Liebe zum Humor, den Anfang der Zuneigung, ganz im Gegenteil zum abweisenden »steifen Hals«. Halbmondartig, mit Betonung auf den äußeren Spitzen, ahmt der Hals durch langsames Gleiten eine Schlange nach (Tiraścīnā); bewegt er sich schnell halbkreisförmig (Parivartitā) bedeutet er Taumel der Liebeslust oder einfach die

ॐ सर्वेषां स्वस्तिर्भवतु
ॐ सर्वेषां शान्तिर्भवतु

Freude am Tanzen. Das Wesen eines stolzen Kranichs entsteht, wenn die Tänzerin ihren Hals vor- und zurückschiebt (Prakampitā) und mit dem dafür bestimmten Mudra und der richtig ausgewählten Gangart langsam über die Bühne geht. Hält sie ein anderes Mudra, mit einem anderen Schritt, ist es, als hätte sie soeben eine geheime Mitteilung geflüstert.
Doch auch der ganze Kopf tanzt. Am Anfang des Tanzes wird er gerade gehalten (Sama), überraschend wirft die Tänzerin ihn nach oben (Udvāhita) oder senkt ihn nach unten (Adhomukha), einmal aus Besorgnis, dann aus Schüchternheit oder um Dinge zu ergründen, die tief sind. Die Dämonen und ihre Berauschtheit entstehen, wenn sie den ganzen Kopf rollt (ālolita). Wenn sie ihn leicht seitwärts schüttelt (Dhuta), könnte sie nein sagen, aber auch Fieber oder Angst ausdrücken wollen.
Durch die Bewegung des Kopfes zusammen mit den Augen und den Mudras entsteht ein jeweils anderer Ausdruck. Durch ein leichtes Kopfnicken (Kampita) entsteht eine Aufzählung oder ein Drohen. Der Kopf ganz zur Seite gewendet (Parāvṛtta) bedeutet das

ॐ सर्वेषां पूर्णंभवतु
ॐ सर्वेषां मङ्गलंभवतु

Bildnis eines schüchternen Mädchens oder ihren wunderschönen geschmückten Haarknoten. Herausforderung entsteht, wenn die Tänzerin den Kopf seitwärts dreht und hochhebt (Utkṣipta), und Liebesverlangen und Liebeskummer äußert sich durch den Hals, den die Nāyikā von Seite zu Seite neigt (Parivāhita).
Die Augen der Tänzerin verbinden den Geist mit ihren Gesten, sie werden vom Hals und den Kopfbewegungen noch verstärkt. Auch Tanzschritte ohne Inhalt wirken niemals monoton, weil sie immer in Verbindung mit den Bewegungen von Kopf, Hals und Augen ausgeführt werden, eine Koordination, die bannt und verzaubert.

Die Gebärde Kartarīmukha *– die Schere*

Das »rehäugige Mädchen«
beschreibt die Tänzerin durch ihre Geste,
die Blumenfrau benutzt die gleiche Gebärde,
um Blüten zu Ketten zu binden.

Die Gebärde erstes Kaṭakāmukha
– die Öffnung des Armreifs –

Lebendige Skulpturen

Um die Dämonen zu töten,
nahmst Du die Tanzpose an.
Kāli – Deine kraftvolle Haltung
segnet und schützt.

Tanzlied
(mündlich überliefert)

Als Adavu bezeichnet die Tradition des Bharatanāṭyam die Bewegungen und Stellungen des ganzen Körpers beim Tanzen. Es sind Tanzschritte, die alle Glieder des Körpers verbinden. Ein Adavu besteht aus verschiedenen Haltungen, die durch rhythmische Bewegungen miteinander verbunden sind.

Die heute bekannten Adavus haben ihren Ursprung in den 108 Posen, Karanas genannt, die schon vor 2000 Jahren in Bharatas Nātyaśāstram klar beschrieben sind. Die Karanas sind in vielen Tempeln als kleine steinerne Skulpturen abgebildet. Bei einem Adavu ist die gehaltene, oft akrobatische Pose genauso wichtig wie die Bewegung.

Ein Adavu wird jeweils in drei verschiedenen Tempi getanzt. Beim schnellen Tempo nimmt unser Auge nur noch die blitzartig wechselnden Bilder von klar gemeißelten Skulpturen wahr. Die Hände und Arme, die Füße und Beine ziehen unsichtbare Linien, malen

Kreise in den Raum und auf die Erde, wenn die Tänzerin von Pose zu Pose wechselt.
Es sind heute 13 verschiedene Gruppen von Adavus bekannt. Zu jeder dieser Gruppen gehören verschiedene rhythmisch-abstrakte Sprechsilben, zu denen das Adavu getanzt wird, und jede dieser Gruppen ist wieder aufgeteilt in zwei bis acht verschiedene Variationen von Posen mit Bewegungsabläufen. Zu diesen 13 Adavugruppen kommen noch die Meyyadavus hinzu. Das sind »Zierschritte«, feine, leichte Bewegungsabläufe.
Es dauert etwa ein Jahr mit täglichem Training, um diese Adavus zu erlernen. Dann erst beginnt die Tänzerin, Choreographien einzustudieren. Diese bestehen aus verschiedenen zusammengefügten Adavus, wobei z. B. ein Viertel des einen Adavus, ein Halbes eines anderen und ein Fünftel wieder eines anderen zu Girlanden, den Korvais, zusammengefügt werden. Der Tanzmeister komponiert neue Sprechsilben, zu denen die Korvais ausgeführt werden. Jede Bewegung innerhalb eines Adavus kann außerdem in einem anderen Rhythmus ausgeführt werden.

tai tai did tai

tai yum

tat tat

dhit tai tam

tat tai

tat tai

ta

tai yum

ta ha

tam

dhit tai tam

ha

dhit tai taha

tan gida

tat tat dhin na

Kitatakadhari

Kitatom

Die 13 Gruppen der Adavus

Name	*Sprechsilben*	*Anzahl der Variationen*
Taṭṭadavu	tai ya tai ya tai ya tai	8
(mit der ganzen Sohle aufschlagen)		
Nāṭṭadavu	tai yum tat tat tai yum ta ha	8
(mit der Ferse aufschlagen)		
Gudiccu-meṭṭu Adavu	tai hat tai hi	4
(auf die Zehen springen und mit den Fersen aufschlagen)		
Tat-tai-tam	tat tai tam dhit tai tam	7
(verschiedene Variationen des Fußaufschlags)		
Sarika Adavu	tai yat tai hi	2
(mit dem Fuß am Boden entlanggleiten)		
Kuttadavu	tat tai ta ha dhit tai ta ha	4
(mit den Zehen aufschlagen)		
Maṇḍi Adavu	tan gida tat tat dhin na	2
(das Körpergewicht ruht auf den Fersen)		
Carukkal Adavu	tan gida tat tat dhin na	2
(Gewichtsverlagerung auf ein Bein)		
Katti Adavu	dhit tai ta	1
(aus der Hockposition auf ein Bein springen)		
Pāyccal Adavu	dhit tain tatta tai	4
(hüpfen und springen)		
Ussi Adavu	ta tai tai tatta dhit tai tai tatta	5
(abwechselnd ganzer Fuß- und Zehenspitzenaufschlag)		4
Cuṭradavu	tat tai tam	3
(Drehungen)		
Makuta Adavu	gi na tom tading gina tom taka tading gina tom taka diku tading gina tom	2
(rhythmische Fußspiele)		

ॐ सर्वेषां स्वस्तिर्भवतु
ॐ सर्वेषां शान्तिर्भवतु

Die Kunst der Choreographie ist auch die Kunst der rhythmischen Kalkulation. Korvais sind ein Ausdruck der reinen Daseinsfreude und eines unerschöpflichen Lebenswillens. Die Gesten der Hände, die Hastas, sind hier Zierde, sie haben keine Bedeutung. Sie sind kleine komplizierte Details im großen Bild der Adavus, während die Maṇḍalas der Füße Rhythmen auf den Boden trommeln, die den Zeichnungen der Adavus pulsierend Leben schenken. Das Tanzen von Adavus, das keinen konkreten Inhalt ausdrückt, nennt man in Indien Nṛtta.

Adavus erlernen und üben kann uns westlichen Menschen ein neues Tanzverständnis schenken: Tanz nicht nur als Bewegung zu sehen, sondern auch als ruhende Pose, als wieder und wieder neu entstehende Skulptur. Für Bharatanāṭyam gilt der Ausdruck: »es tanzt in mir« nicht! Das »Selbst« der Tanzenden gibt sich nicht auf, verliert sich nicht in der Ekstase, sondern das Ich wird sich in jeder Bewegung immer bewußter. Durch jahrelanges Üben wird das Ich mit der göttlichen Skulptur identisch: das ist das hohe Ziel der Tänzerin. Ihr Selbst ruht dann in einer uralten

ॐ सर्वेषां पूर्णंभवतु
ॐ सर्वेषां मङ्गलंभवतु

Vision von kosmischem Tanz. Im Bharatanāṭyam sucht die Tänzerin keine Ekstase (von ex: nach außen hin), sondern ihre Sinne sind nach innen gerichtet, auf ihr geistiges Auge, mit dem sie die vollkommene Skulptur geschaut hat; man sollte dies als »Instase« bezeichnen. Hier sucht die Tänzerin nach der Vollkommenheit im eigenen Selbst, und im eigenen Herzen findet sie den göttlichen Tanz; durch die Instase, nicht in der Ekstase, ahmt sie die göttliche Skulptur nach.

Deshalb bezeichnet man nirgends anders auf der Welt als im hinduistischen Asien den Berufsstand der Tänzer und Tänzerinnen als heilig. Das Erlernen und Üben des Bharatanāṭyam ist so ein Weg hin zum Göttlichen.

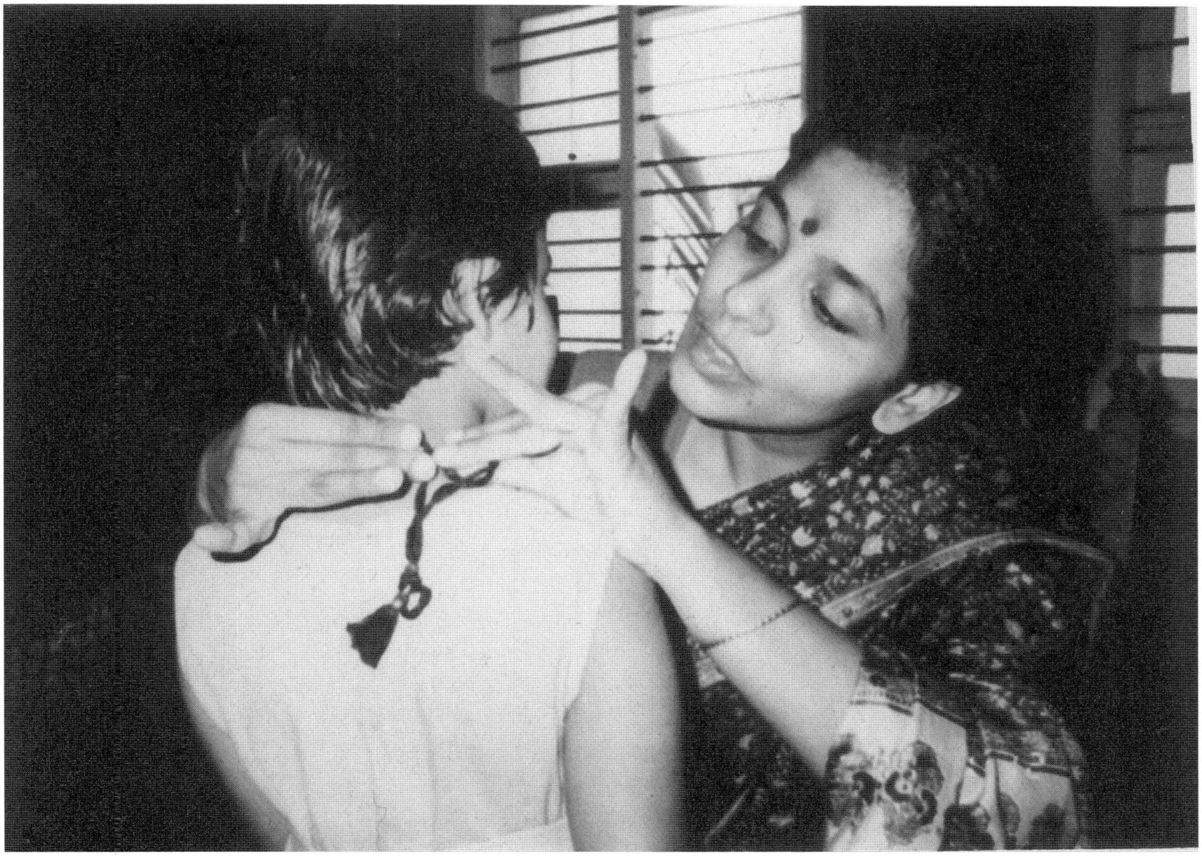

Die Gebärde erstes Kaṭakāmukha – *die Öffnung des Armreifs*

Sorgfalt liegt in der Gebärde der Mutter,
Kunstfertigkeit in der Gebärde beim Tanz;
durch die Grazie beider
zeigt sich die Teilhabe des Geistes
an den Bewegungen der Hand.

Die Gebärde Tāmracūḍa
– der Hahnenhamm –

Feurige Rhythmen der Freude

Durch die Bereitschaft, alles zu geben,
entstanden Rezitation, Gesang und Rhythmus;
aus dem Rhythmus wurden heilige Mantras.

Ṛgveda *(10.90.9)*

Als Tau auf Blätter und Blüten tropfte, ward der Tāla geboren. Die Natur schenkte uns das rhythmische Gefüge der Zyklen, das in der Musik der Tāla ist. Wer lange einem Sturm lauscht, wird eingefangen von seinen Rhythmen. Die gleichmäßige Brandung am Meeresufer rauscht dahin in Rhythmen – Echo aus dem großen kosmischen Raum. Die Sonne geht unter und folgt einem stummen Rhythmus, der sich täglich ändert und sich doch jährlich wiederholt. Wir kommen in die Welt durch die Rhythmen im Leib der Mutter. Unsere Empfindungen äußern sich in Rhythmen, wenn wir aus Lust oder vor Schmerzen stöhnen. Aus reiner Lebensfreude klatschen wir in die Hände, schnippen mit den Fingern oder trommeln mit ihnen auf dem Tisch. Eine ausgeglichene Gemütsverfassung läßt unser Herz langsam und gleichmäßig schlagen, eine Aufregung läßt die Abstände zwischen den Schlägen des Herzens kürzer werden. Die technischen Erfindungen des

ॐ सर्वेषां स्वस्तिर्भवतु
ॐ सर्वेषां शान्तिर्भवतु

modernen Zeitalters bestehen aus ganzen Wissenschaften über Rhythmen. In Indien hört man noch heute den von allen Kindern geliebten Rhythmus der Dampflokomotive, während die neuesten Schöpfungen der Technik immer leisere Rhythmen haben.

Rhythmus ist das Element des Tanzes. Durch Tanz entsteht Rhythmus, die Musik folgt ihm. Eine Melodie ist durch feste Rhythmen gehalten und getragen. Melodien sind wie einzelne Blumen, die durch den Rhythmus gebunden werden zum Strauß einer Komposition. In Indien heißt Rhythmus Laya.

Die Musik hat sich, wie die anderen Künste Indiens, aus dem mathematischen und analytischen Verständnis und Bewußtsein der Inder entwickelt. Der Rhythmus der Musik kann außerdem zur philosophischen Reflexion über den All-Rhythmus werden. Rhythmus wurde in Indien systematisch erforscht. Laya ist der Vater der karnātischen Musik. Jede Komposition dieses klassischen Musikstils aus Südindien ist in einem Tāla eingebettet. Der Tāla ist als metrisches Gefüge ein stetig wiederkehrender Zyklus. Die Einheit eines Tālas besteht aus mehreren kleinen metrischen

ॐ सर्वेषां पूर्णंभवतु
ॐ सर्वेषां मङ्गलंभवतु

Einheiten, den Schlägen. Es sind die Schläge innerhalb des einzelnen Gefüges, die einen Tāla charakterisieren.
Je nach Tāla variiert die Anzahl und die Betonung der Schläge. Außerdem sind die Pausen zwischen den Schlägen je nach Tāla verschieden. Diese Pausen bestehen aus drei, vier, fünf, sieben oder neun Zähleinheiten, den Gatis. Kālapramāṇa, das Zeitmaß, entscheidet über die Schnelligkeit, das Tempo der Gatis. Es sind 35 Tālas in der karnātischen Musik bekannt. Den Tāla wählt der Komponist, er ist hier dem Versmaß der Lyrik und den Betonungen eines Gedichtes vergleichbar. Bei einer Melodie ohne Worte wird der Tāla gewählt, um verschiedene Noten zu akzentuieren.

Nehmen wir als Beispiel āditāla (auch Ur-tāla genannt), die betonten Schläge sind unterstrichen:

Schläge:	<u>1</u>	2	3	4	<u>5</u>	6	<u>7</u>	8
Gati:	1234	1234	1234	1234	1234	1234	1234	1234

Der Gati des āditāla ist vier, und der Tāla besteht aus acht Schlägen, dies ergibt insgesamt 32 Schläge.
Ein Tāla ist wie ein Jahr, das immer wiederkehrt. Die musikalische Komposition ist wie ein Jahrhundert oder mehr. Die Monatsanfänge sind die Schläge, die Tage der Monate sind die Gatis.
Die Tänzerin wählt eine musikalische Komposition, die in einem bestimmten Tāla eingebettet ist. Die Kunst der Bharatanāṭyam-Choreographie ist die Umgruppierung der Gatis. Es kommt darauf an, die verschiedenen Gatis der Korvais neu anzuordnen, ohne dabei die Einheit des Tālas zu verlassen. Ist āditāla gewählt, so besteht der Tāla aus 32 Schlägen und einem Gati von jeweils vier. Die Musik behält den Gati des Tālas bei, die Tänzerin tanzt andere Gatis: 5 + 5 + 5 + 3 + 3 + 3 + 4 + 4 ergibt 32, oder 4 + 4 + 7 + 7 + 7 + 3 ergibt 32 usw. Die Tänzerin kann auf diese Weise jeden Tāla beliebig variieren. Sie besitzt eine Meisterschaft über das Tanzen der Korvais zu verschiedenen Gatis, die von der Choreographie genau festgelegt sind. Die Adavus werden von einer Tänzerin oft neu variiert, aber sie behält die Gatis der Choreographie bei. Die

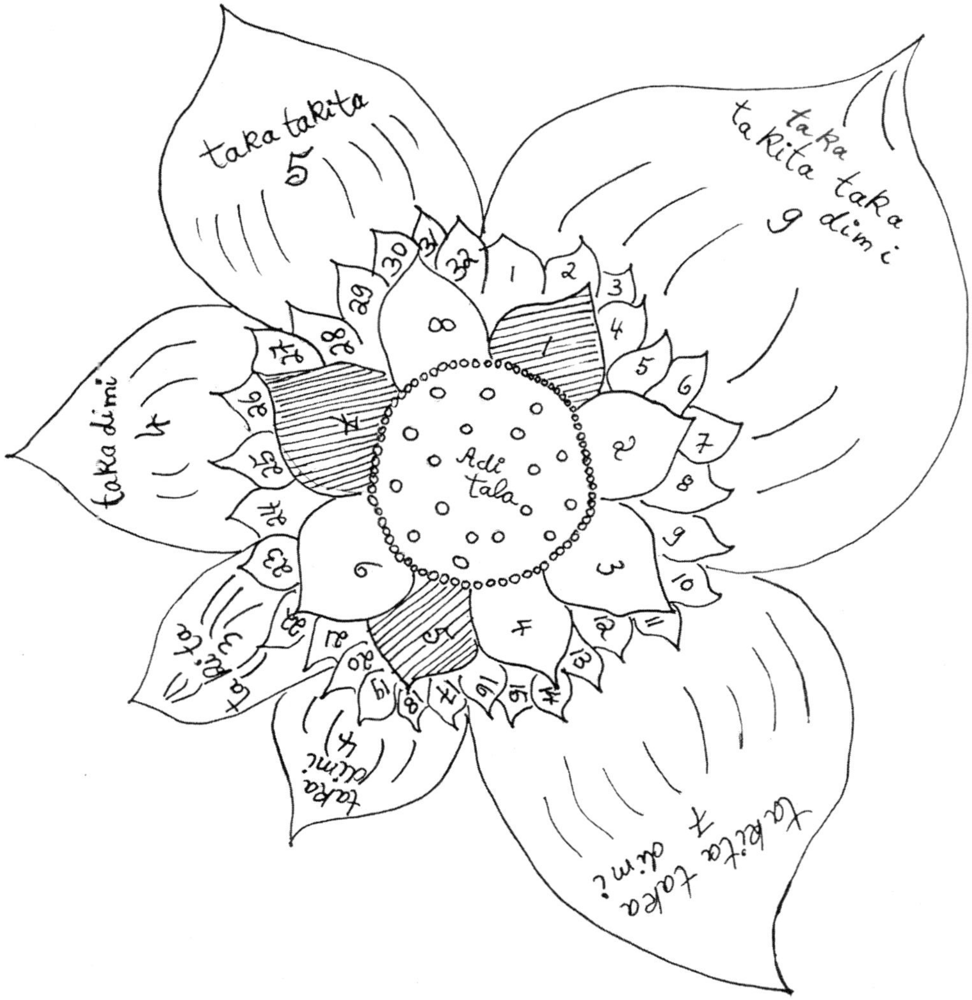

Mṛdangam des Tanzorchesters folgt einmal den Gatis der Tänzerin, ein anderes Mal den Gatis des Tāla. Hierin liegt das interessante Zusammenspiel zwischen Musik und Tänzerin.
Die Blütenblätter rund um den Blütenschaft sind die 8 Schläge des āditāla. Jedes einzelne Blütenblatt hat wieder vier kleine Blütenblätter, die Gatis. āditāla hat 32 Gatis. Die Blätter um die Blüte herum stellen die Umgruppierung der Gatis dar, die Schläge der

ॐ सर्वेषां स्वस्तिर्भवतु
ॐ सर्वेषां शान्तिर्भवतु

Tanz-Choreografie. Diese gehen nicht mit den Schlägen des Tālas zusammen, kommen aber nach 32 Schlägen zu einer Einheit. Das ist dann der Höhepunkt der Musik, die vorher rhythmisch konträr zum Tāla verläuft.

Die fünf Gatis heißen:

3 Zähleinheiten = Tisra (ta ki ta)
4 Zähleinheiten = Caturaśra (ta ka di mi)
5 Zähleinheiten = Kaṇṭa (ta ka ta ki ta)
7 Zähleinheiten = Miśra (ta ki ta ta ka di mi)
9 Zähleinheiten = Sankīrna (ta ka ta ki ta ta ka di mi)

Nicht nur ihre Korvais, auch die Bewegungen ihres Halses und ihrer Augen, jeden Fußschritt teilt die Tänzerin in verschiedene Gatis, die zusammen mit dem Tāla abschließen. Außerdem kann sie auch mehrere Tālas zusammenfügen, z. B. dreimal ādităla = 32 + 32 + 32 = 96. Hier schließt die Tänzerin nicht mit 32, sondern

ॐ सर्वेषां पूर्णंभवतु
ॐ सर्वेषां मङ्गलंभवतु

mit 96 Schlägen ab. Sie kann wählen, wieviel Tālaeinheiten sie benutzen möchte, als Einheit für einen Korvai, der einen deutlichen Schlußakzent hat, nachdem ein Tāla beispielsweise dreimal wiederholt wurde. Ein Korvai endet nie in der Mitte eines Tālas. Die Tänzerin hat einen unvorstellbaren Freiraum, wenn sie ihre Tänze rhythmisch aufteilt. Aber ihre Berechnungen müssen bis auf eine Viertelsekunde exakt sein. Ihr Spiel mit dem Tāla scheint unerschöpflich. Jede ihrer Korvai-Kompositionen ergibt ein Maṇḍala, einen in sich geordneten Zyklus: Wie die Lotosblüte sich in vollendeter Einheit und Harmonie zusammen mit dem Rhythmus des Sonnenstrahls öffnet und schließt, so vollendet beginnt und beendet die Tänzerin jede einzelne, sei es auch die kleinste Bewegung ihres ganzen Seins mit dem Tāla.

Die Gebärde Tāmracūḍa – *der Hahnenkamm*

Der Hahn kräht rhythmisch.
Rhythmisch klopft die Dorffrau auf den Topf
denn ein guter Ton zeugt für seine Qualität.
Die Tänzerin hält die Gebärde,
wenn ihre Füße beim Tanz
Rhythmen auf den Boden trommeln.

Die Gebärden Bhramara und Alapadma
– die Biene und die Lotosblüte –

Vom Duft des Einen

Wohin die Hand geht,
dahin schweift das Auge;
wo das Auge weilt,
dahin eilt der Geist;
der Geist erzeugt den Zustand,
dessen Ausdruck Rasa gebiert.

Abhinaya Darpana

Das Geheimnis einer Einheit, einer erfüllten Liebesbeziehung zwischen Nāyikā und Zuschauer, ist Rasa. Die Nāyikā verströmt durch den vollendeten Ausdruck ihrer Kunst eine Anziehungskraft, deren ätherische Welt den Zuschauer mit all seinen Sinnen ergreift. Er atmet die kunstvollen Bilder, die die Nāyikā entstehen läßt. Der Duft, das Aroma und die Essenz ihres Ausdrucks, des Bhāva (Zustand), ist Rasa.
Zeitlosigkeit wird Zeit durch den Moment der Erfüllung. Der Duft eines solchen Augenblicks bleibt in uns und kann, wenn wir ihn erneut atmen, die Erinnerung an schon Erlebtes wachrufen. Mit Düften verbinden wir Landschaften, Menschen und Erlebnisse, Ein Duft kann die Vergangenheit zurückholen.
Durch Rasa, dem essentiellen Dufterlebnis in der Kunst, erinnert der Zuschauer sich an schon erlebte Gefühle, doch er erlebt sie jetzt, ohne persönlich betroffen zu sein. Losgelöst von seiner Ich-Bezogenheit kann er über die Gefühle nachdenken und ihre Welt

ॐ सर्वेषां स्वस्तिर्भवतु
ॐ सर्वेषां शान्तिर्भवतु

auf Wunsch wieder verlassen, denn die Gefühle gehören nun nicht in seine Zeit.

Ist er tief berührt und weint, weil die Tänzerin die verlassene Seele so gefühlvoll darstellt, so genießt er doch diese Tränen anders, als wäre er in diesem Moment wirklich die verlassene Seele. Beim Rasa-Erlebnis erhalten die Gefühle eine überpersönliche Dimension und sind Empfindungen, die alle Zuschauer verbinden.

Durch Rasa wird eine Erfülltheit, die der Zuschauer als einen Moment einst erlebt hat, jetzt zeitlose Erfülltheit. Die Rasa-Zustände zu erleben, die die Tänzerin erzeugt, verlangt Bereitschaft und Konzentration vom Zuschauer. In Einheit mit der Tänzerin kann er den Duft der Kunst auch schmecken.

Die Kunstlehrschrift Nātyaśāstram schreibt, wie die Tänzerin Rasa erzeugen kann und wie die Zuschauer Rasa genießen sollen. Rasa wird mit einer Speise verglichen, die aus verschiedenen Zutaten entstanden ist. Die Zutaten einer Speise wie Salz und Pfeffer usw. schmecken wir nicht, sondern die gesamte Speise. Genauso schmecken wir beim Rasa nicht mehr die Zutaten,

ॐ सर्वेषां पूर्णंभवतु
ॐ सर्वेषां मङ्गलंभवतु

die verschiedenen Bhāvas, sondern das spezifische Rasa. Es gibt neun verschiedene Rasas, die durch Anwendung Bhāvas »zubereitet« werden: allen voran Śṛngāra – die Erotik, dann Vīra – den Heldenmut, Hāsya – den Humor, Adbhuta – das Wunder, Kārunya – das Mitleid, Bhayānaka – die Angst, Raudra – die Wut, Bībhatsa – den Ekel und Śānta – den Frieden.

Ein jedes Rasa gleicht einer Blüte. Es hat eine Farbe, einen Stengel, einen Fruchtknoten (Kern), Staubgefäße, einen Blütenschaft und Blütenblätter. Es ist von äußeren Einflüssen abhängig und blüht zu einer bestimmten Zeit. Beim Rasa Śṛngāra, der Erotik, ist die Farbe blau, der Stengel entspricht Trennung und Vereinigung, die Wurzel Mann und Frau, der Fruchtknoten der Liebe, die Staubgefäße der Vereinigung. Der Blütenschaft besteht aus den vielen gegensätzlichen Gefühlen, die durch die Liebe erzeugt werden: Leidenschaft, Schönheit, Scheuheit und Eleganz, aber auch Hysterie, vorgetäuschter Zorn und aufgesetzte Gleichgültigkeit. Die zarten Blütenblätter sind die wechselhaften Gefühlszu-stände der Liebe, wie Schwitzen, Tränen, Ohnmachtsanfälle und Gänsehaut.

Erotische Liebe als blaue Blüte

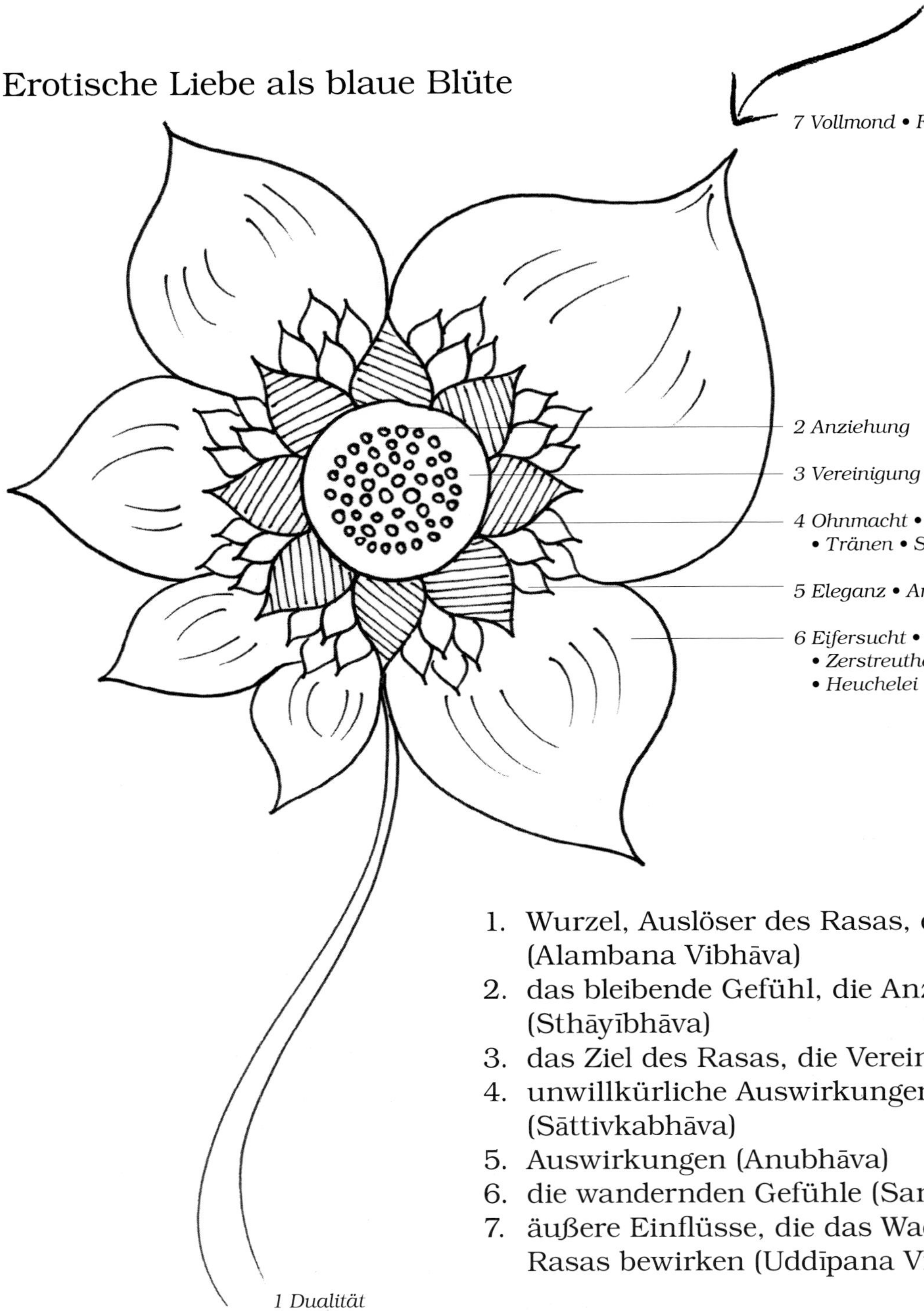

1. Wurzel, Auslöser des Rasas, die Dualität (Alambana Vibhāva)
2. das bleibende Gefühl, die Anziehung (Sthāyībhāva)
3. das Ziel des Rasas, die Vereinigung
4. unwillkürliche Auswirkungen (Sāttivkabhāva)
5. Auswirkungen (Anubhāva)
6. die wandernden Gefühle (Sancāribhāva)
7. äußere Einflüsse, die das Wachstum des Rasas bewirken (Uddīpana Vibhāva)

Die äußeren Einflüsse für das Rasa Erotik sind der Schmuck, ein Parfüm und Geschichten, die man vom Geliebten hört. Die Zeit, zu der ein Rasa blüht, ist durch die Gottheit des Hinduismus angedeutet. Śṛngāra gehört zu Viṣṇu. Die verschiedenen Teile der Blüte sind für die Tänzerin die verschiedenen Bhāvas, mit denen sie das Rasa, das wesentliche Aroma erzeugt.
Nur wenn er offen ist, kann der Zuschauer bewußt die Welt des Imaginären unvorbelastet betrachten, und aus der Vorstellung wird eine Meditation über das Leben. Man genießt das Schreckliche und freut sich über die Überwindung der Dämonen. Wie die innere Ruhe die Voraussetzung für die schwierige Tanzpose ist, so ist diese Ruhe und Bereitschaft beim Zuschauer auch wichtig, um Rasa zu erleben. Dem Zuschauer wird die Vorstellungswelt des phantastischen Tanzes greifbar, und er erlebt sich als eins mit der Tänzerin.
Die Bhāvas, die Zutaten des Rasas, müssen erst von der Tänzerin erzeugt werden. Durch die Mudrasprache, ihre ausdrucksvollen Augen und die ganze Skala ihrer Gesichtsmimik stellt die Tänzerin

ॐ सर्वेषां स्वस्तिर्भवतु
ॐ सर्वेषां शान्तिर्भवतु

den Inhalt der Lieder dar. Diese hochstilisierte Schauspielkunst heißt Abhinaya – Hinführen –, denn die Tänzerin führt dem Zuschauer die Inhalte zu. Abhinaya ist kein realistisches oder übertriebenes Nachahmen, sondern die feine Anwendung der Stilmittel. Abhinaya stellt die Tänzerin dar, und Bhāva ist das Gefühl, das sie dem Dargestellten gibt. Abhinaya kann sich wiederholen, durch Bhāva erlangt es verschiedenerlei Bedeutung.

Bei »Warum bist Du spät« sind die Gesten, das Abhinaya für diesen Satz immer gleich, aber das Bhāva wechselt, es entspricht der Situation, die wiederum das Gefühl bestimmt. Einmal fragt die Tänzerin, die freudig den kommenden Geliebten erwartet, ihre imaginäre Freundin diesen Satz. Hier ist die Tänzerin ungeduldig, sie eifert seiner Ankunft entgegen und ist damit beschäftigt, ihr Haus zu verschönen und ihr Lager mit Blüten zu dekorieren. Sie fragt nun die Freundin, die sie geschickt hat, Blüten zu holen, voller Ungeduld diesen Satz. Das Bhāva der Tänzerin muß die innere Erregung einer auf den Geliebten wartenden Frau ausdrücken.

Ein anderes Mal stellt die Tänzerin in einer anderen Situation

dem viel zu spät kommenden Geliebten die gleiche Frage mit dem gleichen Abhinaya, aber ihr Bhāva ist jetzt völlig anders. Hier ist sie durch die Verzögerung seiner Ankunft auf den Gedanken gekommen, daß er bei einer anderen Frau war, und sie ist voller Eifersucht und Zorn. Das Bhāva der Tänzerin muß nun den Sarkasmus und die Gefühle der Eifersucht ausdrücken.
Die Kunst liegt darin, die äußere Form mit immer neuen, andersartigen Gefühlszuständen zu füllen. Der Zuschauer sieht die wunderschönen Gesten, ein klar und ästhetisch dargestelltes Abhinaya. Aber was er genießt, ist der innere Tanz: er genießt Bhāva, den Gefühlszustand, hinter dem die Persönlichkeit der Tänzerin zurückbleibt. Während bei einer Tanzkomposition die Tänzerin von Bhāva zu Bhāva wechselt, gibt es ein Grundbhāva, zu dem sie immer wieder zurückkehrt, das Sthāyībhāva. Es ist die Erwartungshaltung oder die sarkastische Eifersucht, die als Grundstimmung durch eine ganze Komposition schwingt, der gleichbleibende Zustand der Nāyikā. Anubhāva nennt man die körperlichen Auswirkungen eines Gefühls, z. B. wie weit die

ॐ सर्वेषां स्वस्तिर्भवतु
ॐ सर्वेषां शान्तिर्भवतु

Tänzerin die Augen öffnet, wenn sie fragt: »Warum bist Du spät?« Saṇcaribhāva ist der umschreibende Ausdruck, das nicht direkte Reden, sondern das Thema phantasievoll umschreiben. Hier wird der Improvisationsfähigkeit der Tänzerin großer Freiraum gegeben. Den Satz »Warum bist Du spät?« kann die Tänzerin mit Saṇcaribhāva umschreiben: sie sagt durch Gesten »was es wohl alles unterwegs zu sehen gab« usw.

Beim Bharatanāṭyam ist das Hauptthema die Liebe, Gott ist die Liebe, die nun in ihren irdischen Spiegelungen der Tanz zeigt. Die Liebe ist in den meisten Kompositionen Sthāyībhāva, selbst wenn die Tänzerin zornig ist, denn Zorn entstand aus enttäuschter Liebe. Die Tänzerin zeigt durch ihr Bhāva mit großer Offenheit intime Gefühle und gewährt dem Publikum Einblick in seelische Zustände.

Bhāva braucht die Melodie als Nahrung. Die karnātische Musik besteht aus verschiedenen Rāgas. Rāga ist eine musikalische Tonfolge, deren Melodien eine Stimmung hervorrufen. Es gibt 72 Eltern-Rāgas, aus denen unzählig viele andere Rāgas entstehen.

ॐ सर्वेषां पूर्णंभवतु
ॐ सर्वेषां मङ्गलंभवतु

Ein Rāga bildet sich aus mindestens fünf Noten der karnātischen Musik. Die Noten heißen: sa ri ga ma pa da ni und entsprechen in etwa do re mi fa so la ti, haben jedoch in jedem Rāga eine andere Anordnung. Der Unterschied zwischen indischer Musik und westlicher Musik ist, daß sich hier die Noten ineinanderblenden; Stimmvibrationen sind das Wesentliche, und die Melodie gleicht einer Spirale. Dieses Ineinanderfließen der Noten erzeugt die Stimmung des Rāgas. Ein Rāga malt ein klar komponiertes Bild, wenn wir mit geschlossenen Augen zuhören: Vasanta-Rāga erinnert an den Frühling, voll Lebenskraft und Freude; Sāveri-Rāga ist der ruhige, taufrische Morgen; Todi-Rāga versetzt den Hörer in eine weihevolle Stimmung; Kalyāṇi-Rāga gleicht einer verspielten, lieblichen Frau, die zum Flirt lockt. Wie Menschen unterschiedliche Charaktere haben, so unterscheiden sich die Charaktere der Rāgas voneinander, sie erregen oder besänftigen das Gemüt des Lauschenden und erwecken ein für jedes Rāga spezifisches Gefühl. Sie können auch störende Einflüsse anderer Gefühle beseitigen und sind eine Meditation über ein Thema. Das

Wesentliche für den Musiker ist es, die Form der Melodie, die ganzheitliche Gestalt, Rūpa genannt, zum Leben zu erwecken. Nur durch Rūpa kann die gewünschte Stimmung des Rāga entstehen.
Rāga, Bhāva und Rasa bilden eine Einheit. Sie sind wie Schlüssel, die das Tor zur indischen Kunst öffnen und aus dem Zuschauer den eingeweihten Kenner machen. Dieser sensible und gebildete Zuschauer
ist der Rasika. Er empfindet und erlebt nicht nur das real Sichtbare, die schöngeschmückte Tänzerin, sondern folgt ihr in das Reich der Poesie und in ihre visionären Beschreibungen der mystischen Einheit mit Gott. Diese kann auch für ihn durch das Rasa-Erlebnis in der indischen Tanzkunst erfahrbar werden.

Die Gebärden Bhramara – *die Biene,*
und Alapadma – *die Lotosblüte*

Wie die Biene, angelockt durch den Duft,
in die Lotosblüte eindringt und deren Nektar trinkt,
so lockt die Tänzerin den Zuschauer,
und er dringt in die Kunst und wird erfüllt durch
Rasa.

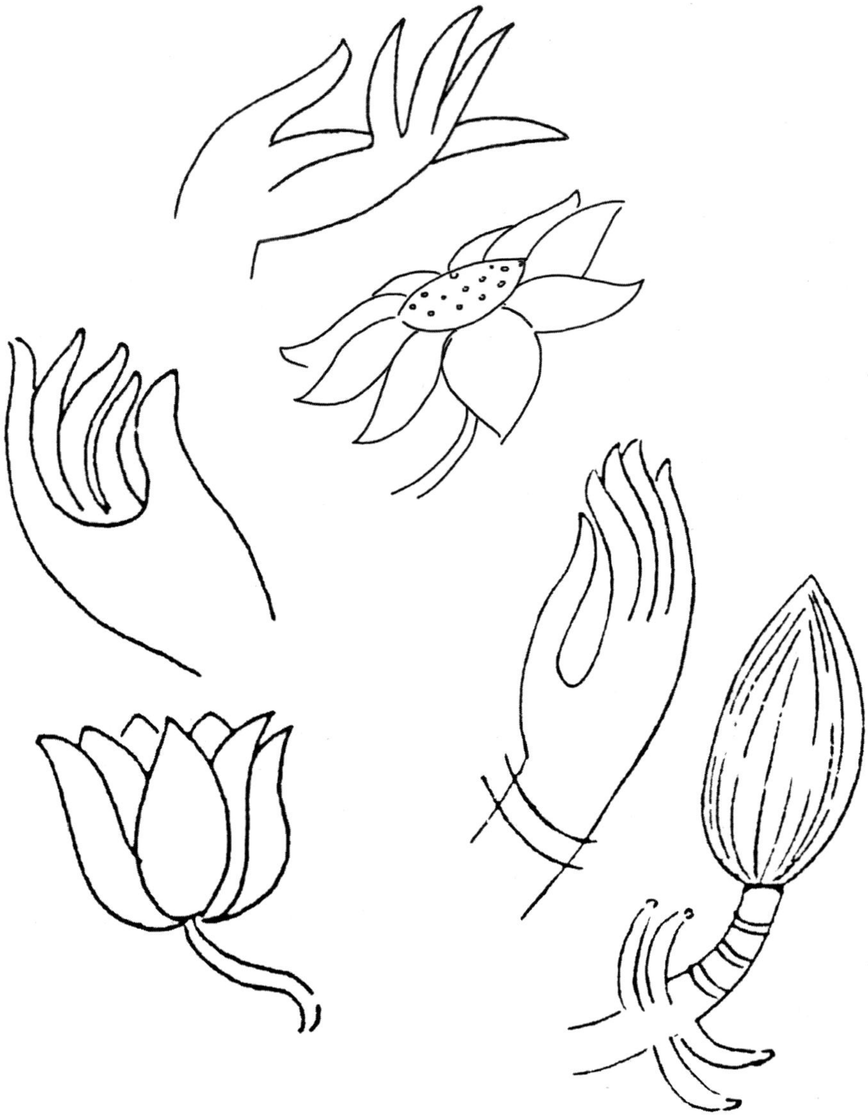

Die Gebärden
Alapadma – die Lotosblüte,
Padmakośa – der Lotosblütenschaft,
Mukula – die Lotosknospe

Lotosblüten öffnen sich

Einem Baum gleicht die Tanzkunst,
mit den Veden als Ästen,
den Lehrschriften als Blüten
und den Rasikas als Bienen.

Abhinaya Darpana

Ein Trommelwirbel erklingt auf der Mṛdangam, in den der lockende Ton der Bambusflöte hineinruft. Der langgezogene, noch verhaltene Ton einer Gesangsstimme, die sich bald zu kapriziösen Melodien und Versen steigern wird, stimmt zusammen mit der sanften, immer gleich klingenden und die Tonhöhe haltenden Tambūra in diesen Auftakt ein. Die Tänzerin, die Hände zu Anjalihasta gefaltet, die Augen geschlossen, gleicht einer zarten, noch geschlossenen Knospe. Zusammen mit dem Aufschlag des Naṭṭuvāngams, der kleinen Becken, und dem Sprechgesang des Naṭṭuvanārs, des Tanzmeisters, beginnt diese Knospe sich leicht zu öffnen.
Der erste Tanz einer Vorstellung heißt Alārippu – die Blume erblüht. Die Tänzerin entfaltet sich langsam. In drei verschiedenen Tempi erweckt sie ihre stillen Glieder zum Leben. Sie beginnt mit den Augen, die von Seite zu Seite gleiten, bewegt den Hals, sie weckt die Schultern durch eine sanfte ruckartige Bewegung und dreht

Erhöre mich

bitte,

o Erhabener.

dann die Handgelenke. Immer folgt sie dabei den Rhythmen der kleinen Becken, führt die Bewegungen langsam, schneller und ganz schnell aus. Sie beugt die Knie bis zum Mullumandi, der Urhockstellung der Frau, hüpft leicht mit abwechselndem Knieaufschlag, wobei sich der Fuß in der Zehenspitzenposition dehnt. Nun beginnt sie, ihren Brustkorb aus der Taille heraus zu biegen, und der ganze Körper bewegt sich zu schnellen Rhythmen, nur die Hüften bleiben still. Der Unterleib der Tänzerin balanciert und trägt die ganze Beweglichkeit des tanzenden Körpers. Alārippu ist ein Nṛtta-Tanz. Der Nṛtta-Tanz ist ohne Inhalt, besteht nur aus Rhythmen und Schrittechnik, im Gegensatz zum Nāṭya-Tanz, der poetische Inhalte darstellt. Die Verbindung von beidem ist der Nṛtya-Tanz, er bringt technische Virtuosität und lyrischen Inhalt zusammen.
Statt Alārippu kann die Tänzerin zu Beginn auch einen Kauttuvam aufführen. Kauttuvam wurde früher beim Tempelritual getanzt, um die verschiedenen Gottheiten zu begrüßen. Kauttuvam ist ein Nṛtya-Tanz.

Blütenketten
bringe ich Dir,

Liebesbriefe
schreibe ich Dir,

sende meine
Botschaften.

Der nächste Tanz im Zyklus ist der Jatisvaram. Die Tänzerin steigert sich zu einem Tanz der Freude und führt ihre Korvais zu den lebhaften Melodien des Liedes aus. Jatisvaram ist ein Nṛtta-Tanz.

Śabdam, der dritte Tanz im Zyklus, beinhaltet die Darstellung lyrischer Verse in leichter Art, wie die Kinderspiele Śri Kṛṣṇas und Episoden anderer Götter. Er wird im Nṛtya-Stil und eingeblendeten Nṛtta-Passagen dargeboten.

Nun folgt der grandiose Haupttanz einer Bharatanāṭyam-Aufführung, der Varṇam (das bedeutet Farbe). Er zeigt alle Stilmittel der Tanzkunst in feinsten Nuancen. Oftmals dauert er eine ganze Stunde und hält die Zuschauer durch sein Wechselspiel zwischen Nāṭya, Nṛtta und Nṛtya gefangen. An diesem Tanz wird die Meisterschaft der Tänzerin beurteilt. Stilvolles Abhinaya, das Bhāva erzeugt, und brillante Korvais und Tīrmānams (Schrittgirlanden), die klare Formen zeichnen, stehen in ausgewogenem Verhältnis. Das Thema der Varṇams ist die Liebe der Nāyikā für Gott, sie übernimmt die Rolle einer Erzählerin von der Liebe eines Menschen

Wirst Du sie nicht
zu Dir rufen?

Meine Liebe für Dich

für seinen Gott, sie führt einen Dialog mit ihm, stellvertretend für all die Menschen, die sich nach ihm sehnen.
Der Varṇam gliedert sich in drei Teile. Im ersten Teil, der aus vier Strophen besteht, beschreibt die Nāyikā Gott in all seiner Schönheit und Pracht und erklärt ihren liebenden Zustand, den sie als Verlassene oder Verratene, aber auch als die Wartende darstellt. Die Sängerin singt lyrische Verse, die von der Tänzerin durch Abhinaya ausgedrückt werden. Zwischen den einzelnen Strophen wechselt die Tänzerin zum Nṛtta. Hier zeigt sie komplizierte Tīrmānams und trennt so die einzelnen Strophen voneinander, denn jeder Strophe liegt ein bestimmter Gedanke zugrunde, der umschrieben wird, indem die Sängerin die gleiche Strophe 15 oder sogar bis zu 30 Mal wiederholt. Das Thema ist so konzentriert und verdichtet, daß eine Unterbrechung für Tänzerin und Zuschauer nötig ist, die Tīrmānams lösen durch den reinen Tanz der Freude vom schweren Inhalt der Strophen. Nichts klingt berauschender als der schnelle Sprechgesang – Rezitation der inhaltslosen Silben wie ta rita rita kina taka jaka jum ta nam – der indischen Tanzmusiker. Nach

ist ins Unermeß-
liche gestiegen.

Wißt ihr's, liebe
Freundinnen?

jedem Tīrmānam beginnt man wieder mit der ersten Strophe, die als Leitmotiv durch den ersten Teil führt.
Im Mittelteil des Varṇams wird allergrößte Meisterschaft über den Tāla gefordert, denn hier verbindet die Tänzerin ihr Abhinaya mit schwierigen Fußrhythmen, dem Taṭṭimeṭṭu, einem Zusammenspiel von Fußspitze, Fersenaufschlag und Aufschlag der ganzen Sohle zu verschiedenen Zählzeiten.
Der dritte Teil des Varṇams ist von schnellerem Tempo und die Nṛtya-Passagen werden zur Melodie der gesungenen Noten ausgeführt. Alle Strophen werden mit Taṭṭimeṭṭu begleitet.

Als Beispiel: Varṇam Manavi, komponiert vom Tanjore Quartett, den Gebrüdern Pillai:

Höre,
Herr des Brighadesara Tempels,

der die Gangā auf
sein Haupt nahm

Erster Teil:
Mein Verlangen, erhört zu werden,
wirst du es annehmen,
mein herrlicher Gebieter?
  Tīrmānam
Meine Liebe für dich
wächst zu unbezähmbarer Kraft,
ich bin ihr ausgeliefert.
  Tīrmānam
Glücksbringer der Stadt Tanjore,
Tieren Zuflucht Gewährender,
ich flehe Dich an, erhöre mich.
  Tīrmānam
Mein Glaube an Dich ist endlos,
mein Herz und meine Seele
habe ich in Dich gesenkt.
  Tīrmānam:
  Melodie und Nṛtta

und sie sanft und fruchtbar
zur Erde fließen läßt.

Mein Herz habe
ich allein für Dich
aufbewahrt.

Mittelteil:
Im Augenblick, wo ich deine Schönheit
und deine majestätische Größe fühle,
da ist mein Gemüt verwirrt,
und meine sehnsuchtsvolle Liebe
wird zum Ozean,
in dem ich ertrinke und treibe.

Dritter Teil:
Bitte sei mir gegenüber nicht gleichgültig.
    Nṛtta zur Melodie
Niemand gleicht Dir an königlicher Würde.
    Nṛtta zur Melodie
Wenn mich die 5 Pfeile des Liebesgottes
treffen und schmerzen,
willst Du da unentschlossen bleiben?
    Nṛtta zur Melodie

Wenn ich Deine erhabene
Schönheit sehe,

ist mein Herz
verwirrt

Herr der Welten,
die Dichter lobpreisen Dich,
Du bist ein gerechter Geber.
Zerstörer der Dämonen,
mitfühlend blicke auf mich
und nimm mich ganz an.
Nṛtta zur Melodie

Nach einer kurzen Pause folgt der lyrische Teil des Programms. Die Tänzerin führt uns nun in die Welt der Padams, der langsamen, gefühlsbetonten Tänze nur in Nāṭya. Mit Ehrfurcht spricht man in Indien von den legendären Solistinnen der Padams, Mylapore Gauri Amma und Balasaraswati, die bis in ihr hohes Alter die Zuschauer durch ihr Bhāva und ihre poetischen Hände beglückten. Versunkenheit in die Thematik, Kenntnis der Musik, die Fähigkeit, selbst zu singen und höchste Kreativität muß die Tänzerin für die Darstellung des Padams besitzen. Ein Padam wird bei jeder

und ich ertrinke und treibe
im Ozean der Liebe

Zorn und Ablehnung mir gegenüber.

Aufführung neu gestaltet. Die Rasikas, als Kenner der Künste, verlangen immer wieder nach denselben Padams, und sie genießen dabei jedesmal die anderen Stimmungen und Bilder, die die Tänzerin durch ihre Improvisation entstehen läßt. Padams sind freie Ausdruckstänze, wobei die Voraussetzung für diese Freiheit eine erlangte Meisterschaft über die Stilmittel erfordert.
Die Padams beschreiben im Detail die ganze Schönheit des Liebes Verlangens. Sie beschreiben die Atmosphäre, die die Liebenden umgibt. Bestimmte Landschaften, Blumen, Tageszeiten, gehören zu den verschiedenen Zuständen der Liebe. Die Liebenden in der Vereinigung stellt die Tänzerin in der Nacht dar, begleitet vom Rauschen des Bambus und dem Gesang der Nachtigall, hoch in den Bergen zur Zeit der Wintermonate. In ganz anderer Umgebung ist die Verlassene: Wüstenland in der sommerlichen Mittagshitze, dürstende Pflanzen, wasserlose Brunnen, über denen erschöpfte Adler kreisen.
Nach den Padams folgen die Kīrtanas. Sie sind schneller als die Padams, ihre Lyrik ist ganz der Lobpreisung der Götter und ihrer

Die 5 Blüten-
pfeile Kamas

haben mein Herz
durchbort.

Taten gewidmet. Sie haben kurze Tīrmānams zur Ausschmückung und sind Nṛtya-Tänze.
Der kesse Abschluß der Abhinaya-Tänze sind die Jāvaḷis. Sie behandeln das gleiche Thema wie die Padams in direkterer Weise. Auf humorvolle, herausfordernde Art ruft die Nāyikā den Geliebten zu sich oder schickt ihn fort.
Der spektakuläre, elegante und graziöse Schlußtanz einer Vorstellung ist der Tillāna. Ein Nṛtta-Tanz in schnellem Tempo, der das Publikum fröhlich machen soll und aus der nachdenklichen Stimmung der Padams hinein in die Lebensfreude führt. Die Tänzerin gleicht nun einer voll erblühten, weit geöffneten Blüte, die das Publikum genießen und betrachten kann. Die Musik besteht aus gesungenen Jatis, Trommelsilben, mit einer kleinen Verseinlage. Der Tillāna ist eine Explosion in den Raum und spielt mit der Zeit, seine Tīrmānams beginnen abwechselnd mit dem Schlag oder dem Nachschlag der Musik.
Dem Tillāna folgt ohne Unterbrechung traditionell ein Śloka. Śloka sind Sanskritgebete, die ohne festen Tāla gesungen werden. So wie

Böses

zerstörst Du.

Nimm mich zu Dir
in Deiner Einheit.

die Lotosblüte sich abends schließt, so schließt die Tänzerin all ihre ausgefalteten Gefühle und ihre weit in den Raum gebreiteten Bewegungen wieder hinein in ihre Mitte, in diesem langsamen Tanz von großer Schlichtheit, einfachen Gesten und von wenigen Bewegungen des Körpers. Dieser meditative Tanz endet mit Mangaḷam, dem »glückverheißenden Ausgang«. Hier bedankt sich die Tänzerin bei der Erde, den Göttern und dem Publikum für ihre Anwesenheit, ihre Geduld und ihre Annahme. Die Erde ist für den Tanz dasselbe, wie es der dunkle Schlamm für den Lotos ist, die Götter bedeuten für die Tänzerin genausoviel, wie die Sonne und der Raum in den und für den der Lotos sich öffnet. Die Zuschauer, die sich an der Tänzerin erfreuen, sind wie die Bienen, die die Lotosblüte liebkosen, sie tragen das sinnliche und übersinnliche Erlebnis der Vorstellung hinaus in die Welt und bereichern den grauen Alltag mit dem Nektar dieser wunderschönen Tanzkunst.

Die Gebärden Alapadma *– die Lotosblüte,*
Padmakośa – der Lotosblütenschaft,
Mukula – die Lotosknospe

Ohne Gabel essen die Menschen in Indien,
mit »blütenknospengleicher« Hand –
die zarte Tänzerin zeigt den aufblühenden Lotos,
der geöffnet zum Symbol für die erweckte Seele wird.

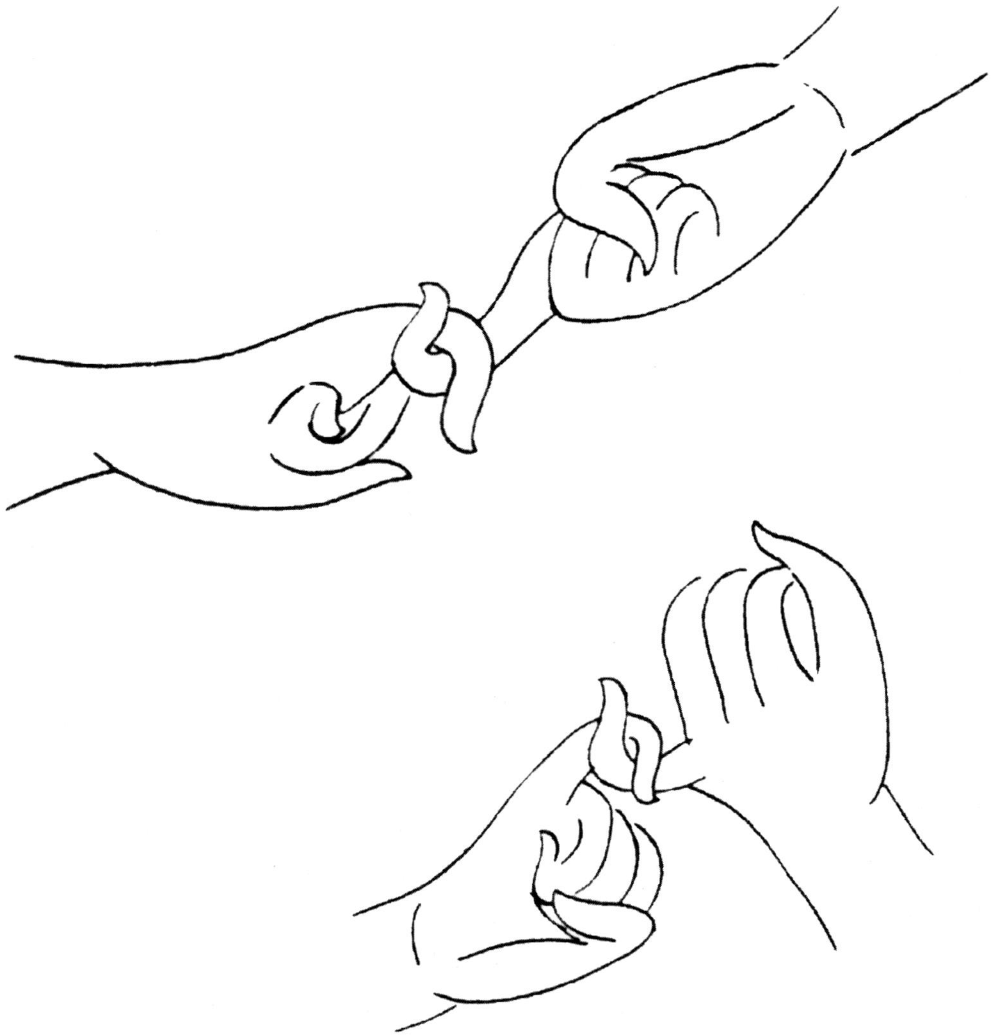

Pāśa – der Streit,
Kīlaha – die Freundschaft

Die acht Zustände der Liebenden

Er kann nicht die Erde aufgewühlt haben
und in sie entschwunden sein,
noch wird er all die Himmel erklommen
oder barfuß die Meere durchwatet haben.
Wenn man nach ihm schauen würde,
von Land zu Land, von Stadt zu Stadt,
von Familie zu Familie –
unser Geliebter kann nicht
durch die Absperrung schlüpfen!

Der Dichter Veḷḷi Vītiyār
(300 n. Chr.)

Die lyrische indische Liebesdichtung kann vor allem anderen beglücken durch ihre wundervolle sensible Stimmung, die Śṛngāra Rasa, die Essenz der Erotik, erweckt. Der besungene Geliebte ist Gott, die Liebende ist die Seele. Die Tänzerin wird zur Liebenden, zur Nāyikā. Als Nāyikā entwickelt sie die Innigkeit von Gefühlen und die ganze Kraft der Triebe wie ein bedingungslos liebender Mensch. Die Aṣṭanāyikās – die acht Nāyikās – stehen für die acht Gefühlszustände. Immer befindet sich der liebende Mensch in einem von diesen Zuständen, der dann wiederum sein ganzes Gebaren und Verhalten bestimmt.
Der höchste und vollkommenste dieser Zustände ist die Einheit der Liebenden. Das Männliche und das Weibliche verschmelzen

ॐ सर्वेषां स्वस्तिर्भवतु
ॐ सर्वेषां शान्तिर्भवतु

ineinander. In der Kunst wird diese Verschmelzung zu einem Symbol der Vereinigung von Gott und Mensch. Die Nāyikā als Erfüllte, als Svādhinapattikā, ist sich ihres Geliebten ganz sicher, sie befürchtet keine Trennung und hat keinen Grund, an seiner Treue zu zweifeln. Sie ist immer gut gelaunt, genießt liebliche Spaziergänge, ihre Kleidung ist von auserlesener Schönheit, und sie ist selbstbewußt und glücklich. Sie ist mit dem ganzen Universum in liebender Einheit. Die Svādhinapattikā ist der Zustand eines in sich selbst ruhenden, vollkommenen Menschen, der heile Zustand der Heiligen.

Die zweite Nāyikā, deren Zustand die Vorstufe zu Svādhinapattikā ist, ist die Wartende, die Vāsakasajjikā. Sie weiß um den Zustand der Einheit und steht unmittelbar davor, alle Anzeichen sind günstig und glückverheißend, der Mond am Himmel, die Stimmen der Vögel, die ganze Natur lebt in frühlingshafter Vorfreude. Die Nāyikā dekoriert ihr Haus, schmückt sich, bindet Blütenketten und befindet sich mit ihren Gedanken schon in der Zukunft.

Der nächste Zustand ist der der Leidenden, der Virahotkaṇṭhitā.

ॐ सर्वेषां पूर्णंभवतु
ॐ सर्वेषां मङ्गलंभवतु

Auch wir Menschen befinden uns am häufigsten in diesem Zustand, denn wir sind immer getrennt von etwas: vom Geliebten, von einem Ziel, von der Einheit. Die Nāyikā vermißt den Geliebten. Sie versucht sich seine Abwesenheit zu erklären. Sie sucht die Stille und findet keinen Genuß mehr an weltlichen Dingen. Sie mag nichts mehr, was Freude schenke» könnte, der Duft der Blumen erinnert sie nur noch mehr an den entfernten Geliebten. Durch ihr tiefäi Leiden in der Trennung ist sie trotzdem mit Ihm.
Die Nāyikā befürchtet, daß der Geliebte sie vergessen hat – sie wird im nächsten Zustand zur Klagenden, zur Vipralabdhā. Sie ist verzweifelt, ihr Herz ist schwer, sie seufzt, hat Angst und beschuldigt die Freundinnen, dann weint sie. Diese Nāyikā ist die poetische Darstellung für den Menschen, der zweifelt. Er zweifelt an seinem Glauben, an sich selbst und an allen anderen.
Wenn der langersehnte Geliebte kommt, stellt die Nāyikā seine Treue in Frage. Sie wird eifersüchtig und beschimpft ihn. Als Scheltende, als Khaṇḍitā, ist ihr Ausdruck voll Leidenschaft, und sie sucht Streit. Mal ist sie traurig und nachdenklich, dann ist sie

ॐ सर्वेषां स्वस्तिर्भवतु
ॐ सर्वेषां शान्तिर्भवतु

wütend, zornig und sarkastisch ihrem Geliebten gegenüber. Sie wendet sich ab und sucht Trost in der Stille. Dieses symbolische Verhalten der Khaṇḍitā-Nāyikā zeigt den stolzen Menschen, der gekränkt wurde und sich nun selbst im Weg steht, den Geliebten anzunehmen.

Nach diesem durchlebten Zustand ist die Nāyikā in großer Verwirrung. Als Kalahāntaritā bereut sie, daß sie ihren Geliebten im Streit beschuldigt und ihn gekränkt von sich gestoßen hat. In ihrem aufgelösten Zustand ruft sie ihre Freundinnen zu sich. Sie ist der bereuende, zur Versöhnung bereite Mensch.

Ihr Glaube an Ihn ist so stark, daß sie jeden auch noch so schweren Weg geht: sie ist die Furchtlose, die Abhisārikā, die durch dunkle, gefährliche Wälder geht, um sich mit ihrem Geliebten zu treffen. Sie ist klug, geschickt und betrügerisch. Ihre Kleidung ist unordentlich, sie folgt Ihm voller Leidenschaft und gibt ihr Selbst hin. Sie ist das vollkommenste Beispiel für den bedingungslos liebenden, hingabefähigen Menschen, der sich nicht um die Meinung anderer kümmert.

ॐ सर्वेषां पूर्णंभवतु
ॐ सर्वेषां मङ्गलंभवतु

Das letzte Stadium ist die Vereinsamung, die Proṣitabhartṛkā, die vom Geliebten Getrennte. Hier ist der Geliebte weit weg in einem anderen Land. Die Nāyikā sehnt sich nach ihm und ist völlig kraftlos und schwermütig geworden. Sie steht für den Menschen, der weit weg von spirituellen Lebensinhalten steht, weit weg von der eigenen Seele ist und anders handelt als er fühlt. Die Vereinsamte durchleidet die zehn Stadien des Liebesschmerzes: sehnsuchtsvoll schaut sie den Mond an, blickt voll Verlangen in die Weite, besorgt denkt sie an Ihn und sinnt über sein Schicksal nach. In ihrer Phantasie malt sie sich die Tugenden des Geliebten aus, sinkt dann in tiefe Verzweiflung und beginnt zu weinen, denn Er ist nicht mit ihr. Ihre sinnlose Warterei treibt sie in den Wahnsinn. Im Liebesfieber liegt sie auf dem Lager und begegnet den trostspendenden Freundinnen mit Gefühllosigkeit. Zuletzt führt der Liebesschmerz zum Tod. Diesen deutet die Nāyikā an, aber dargestellt durch die Tänzerin wird er nie.

Die Erfüllte

Wo die Berührung deiner Hand
auf meinen runden Brüsten
zum rauschenden Fest der Liebe wird,
streich Sandel, du mein Hirte.

Wo der Liebesgott Küsse auslöst
auf meinen zarten Lidern,
mein Kajal nun der Biene ähnlich sieht,
zieh mir die Linie neu.

Wo das Spiel der Liebe
an meiner tiefgewölbten Schläfe
mein Haar zum Schwärm schwarzer Bienen hat gelöst,
ordne meine Locken neu.

Wo kleine Perlen aus Schweiß
auf meiner mondförmigen Stirn
das magische Mal verblassen ließen,
tupf mir den Punkt.

Wo ausladend dunkel die Höhle,
der feste Thron, Ziel der Begierde,
bind mir die Gürtel lose, Kṛṣṇa,
meine einzige Zierde.

Gīta Govinda (Strophe 12, Vers 24)

Die Botin der Wartenden zum Geliebten

Speerträger,
ein junges Mädchen sucht dich,
von früh bis spät,
läßt du sie warten im Frühlingstag!

Die geschwungenen Bogen der Brauen
schirmen unschuldige Lotosaugen
in ihrem strahlenden Gesicht,
ihre Taille ist unsichtbar schmal
und noch mehr,
ihre Haut schimmert golden,
wie ein Blitz am Himmel erscheint sie,
und doch naht sie wie ein Schwan.

Auf ihren jungen Brüsten schimmern Juwelen,
in makelloser Reihe die weißen Zähne,
ihre Lippen gleichen roten Blüten,
ihre Schenkel, gerade und weich
wie der Stamm des Bananenbaumes,
zum Knoten verschlungen ihr Haar,
das Herz schmilzt dahin,
wenn ihr gurrendes Lachen ertönt.

Speerträger,
ein junges Mädchen sucht dich,
von früh bis spät,
warum läßt du sie warten?

Tanzlied (mündlich überliefert)

Die Botin der Leidenden zum Geliebten

Sie erträgt nicht den Balsam aus Sandel
noch des Mondes kühle Strahlen,
ihr Kummer ist so groß,
und Natterngift im Windeshauch
spürt ihr verlassenes Gemüt.

Das Lager ist den Spielen der Liebeslust
durch Manmatas Pfeile längst geweiht,
wie eine Büßerin umarmt sie ihren Traum
auf diesem Bett aus Blüten.

Tief senkt sie sich hinein,
sieht vor sich schon dein Bild,
mal seufzt sie, lacht sie, weint sie,
ist zu gar nichts mehr gewillt,
dann gibt sie alles hin
an dein Bild aus ihrer Phantasie.

O Kṛṣṇa, der Liebe Pfeile beängstigen
Gedanken sinken tief,
sie klammert sich an dich –
wann wirst du ihr Gemüt besänftigen?

Gīta Govinda (Strophe 4, Vers 2)

Die Klagende zur Botin

O mein Unschuldsengel,
welch unbändige Liebe
verströmt Gopala!

Welche Verschwendung der Leidenschaft,
ihn für mich allein
gewinnen zu wollen!

Wozu diese wahnsinnige Liebe,
die dem Blick nicht mehr standhält,
für ihn?

Von Kindheit an bin ich ihm nah,
doch: ich Sinnverwirrte,
jetzt ist es zuviel!

Wenn ich meine Gedanken nicht von ihm wende
und mein Verlangen nicht aufhört,
werden all die andern lachen!

O dieser liederliche Schelm,
er hat mich verführt
und dann betrogen!

Tanzlied (mündlich überliefert)

Die Scheltende

Warum kommst du denn hierher?
Sie wohnt nicht in dieser Gasse!

O Herr mit dem Mal aus Kastūri,
einst trugst du den Berg Mandāra,
und nun –
bist du überwältigt vom Verlangen
nach den Küssen ihres Mundes.

Hat dich das Mondlicht geblendet,
daß du ihr Haus nicht erkanntest,
oder hast du in den Armen des Mädchens
die Erinnerung einfach verloren?

Hat sie nicht mit ihrer Lust
dein Verlangen völlig gestillt?
Lagst du nicht verschmolzen mit ihr,
warst tief in die Schöne gedrungen?
Diese Fischäugige war ich leider nicht.

Warum kommst du dann hierher?
Sie wohnt doch nicht in dieser Gasse!

Tanzlied (mündlich überliefert)

Die Botin zur Reuevollen

Wenn im Frühlingswind Śri Kṛṣṇa
dahingeht,
wo sonst könnte das Glück liegen?

O erregte Frau,
richte Deinen Groll nicht gegen ihn!

Der Krug deiner Brust
ist voller als die saftige Kokosnuß,
warum sie verschwenden?

O erregte Frau,
richte Deinen Groll nicht gegen ihn!

Deine liebsten Freundinnen lachen schon über dich,
warum weiter weinen,
hilflos jammern?

O erregte Frau,
richte Deinen Groll nicht gegen ihn!

Auf dem Lager kühler Lotostriebe
wartet Śri Kṛṣṇa,
willst du, daß dein Herz einsam bliebe?

O erregte Frau,
richte Deinen Groll nicht gegen Hari Kṛṣṇa.

Gīta Govinda (Strophe 9, Vers 2)

Die Furchtlose

Herz,
Du bist gesegnet.
Über meine ausgezehrten Hände
gleiten die Armreifen,
meine Augen sind trüb
von den schlaflosen Nächten.

Steh auf, laß uns gehen,
laß uns aus dieser Einsamkeit fliehen!

Laß uns dort hingehen,
wo die Stämme die Girlande
aus Cannabis tragen.
Dorthin!
Jenseits vom Land,
wo der Stammesfürst viele Speere trägt –
da laß uns hingehen!

Herz,
ich sage dir
laß uns gehen –
dorthin wo mein Liebhaber ist,
aushalten selbst
die fremden Sprachen.

Māmūlanār (200 v.Chr.)

Die Getrennte

Die anderen sagen:
»Du mußt es aushalten«!
Wissen sie nicht, was Leidenschaft ist,
oder ist es,
daß sie so stark sind?

Ich sehe meinen Geliebten nicht mehr,
Gram ertränkt mir das Herz.

Und gleich einem Streifen Schaum,
der, aus der tiefen See kommend,
sich im Sand verliert,
löse ich mich auf
und werde nichts.

Kalporu Cirunuraiyār (100 v.Chr.)

ॐ सर्वेषां स्वस्तिर्भवतु
ॐ सर्वेषां शान्तिर्भवतु

Wie ein Mensch sich entwickelt und vom Stadium der Kindheit zur Weisheit des Alters heranreift, so kann jede einzelne der acht Nāyikās in einem bestimmten Stadium einer inneren Entwicklung dargestellt werden. Die scheue, junge Nāyikā, die das Kindsein gerade hinter sich gelassen hat, ist die Mugdā, sie ist unerfahren und schamhaft in der Liebe, ihr Zorn ist sehr sanft und ihr Liebesverlangen noch unterdrückt.

Eine Nāyikā im Stadium der Madyā ist teilweise erfahren in der Liebe. Ihr Liebesverlangen ist erweckt, und der Kampf mit den Gefühlen beginnt. Die Tänzerin stellt das Stadium der Madyā durch kecke Worte und ihren Erfindungsreichtum in den Spielen der Liebe dar. Einmal zeigt sie sich als Selbstbeherrschte, die ihre Liebe in indirekten Andeutungen zeigt, ein anderes Mal ist sie die Unbeherrschte, die keine Hemmungen in ihren Gefühlsäußerungen kennt.

Die erfahrene Nāyikā ist eine voll entwickelte Frau. Ihr Stadium, Pragalbhā, kennt alle Nuancen des Liebesverlangens. Blind aus Liebe erkennt sie ihre Umwelt nicht. Sie ist sich ihrer Macht bewußt

ॐ सर्वेषां पूर्णंभवतु
ॐ सर्वेषां मङ्गलंभवतु

und aller Liebesspiele kundig. Als Selbstbeherrschte tut sie so, als wäre sie der Liebe gegenüber gleichgültig. Im Zorn ist sie kühl. Anders dagegen benimmt sie sich als Unbeherrschte. Hier ist sie zügellos und beschimpft den Geliebten.

Die Tänzerin, die alle wesenshaften Vorgänge im Innern einer Verliebten kennt, wird durch die Rolle der Nāyikā zur Priesterin der Liebe. Ohne Zurückhaltung stellt sie die geheime wie die offene Liebe dar und zeigt die Liebe in der Vereinigung und in der Trennung. Der soziale Hintergrund einer Nāyikā entscheidet, ob sie ihre Liebe offen kund tun kann. Eine verheiratete Frau schleicht sich in der Nacht geheimnisvoll aus dem Haus, um mit ihrem geliebten Kṛṣṇa unter dem Vollmond zu tanzen. Auch ein sehr junges Mädchen hält seine Liebe vor den Eltern geheim, und nur eine vollkommen unabhängige Frau kann sich offen zu ihrer Liebe bekennen.

Die Tänzerin stellt niemals eine individuelle Person dar, sondern ist immer eine Liebende in der sich alle liebenden Menschen spiegeln. Ihr Zustand, ihr Entwicklungsstadium, ihre soziale Abhängigkeit geben der Art ihrer Liebe die Gestalt. Die Kunst des Bharatanāṭyam steigert und stilisiert die Liebe zur unpersönlichen Größe. Die verliebte Nāyikā richtet ihre sinnlichen Empfindungen und ihre Konzentration ganz auf den Geliebten und gleicht dem Asket, der sein Selbst in Gott versenkt und alles andere um sich ignoriert. Der Asket im Gegensatz zur Nāyikā aber löscht seine Sinne durch schwierige Übungen aus und trennt sich von der Welt der Dinge. Seine Stärke beruht in der Bewegungslosigkeit und der Gemütsstille, während die Nāyikā durch das bewegte und ausdrucksvolle Spiel mit den Gefühlen eine Genialität erlangt. Obgleich sie andere Wege gehen, verbindet das Ziel der Einswerdung mit dem Göttlichen die Nāyikā mit dem Asket.

Der Nāyikā steht eine imaginäre Begleiterin zur Seite. Zu ihr, der Sakhī, spricht die Nāyikā über ihre Liebe. Die Nāyikā sieht in der Sakhī eine weise Frau, die sie als Botin zu ihrem Geliebten schickt. Die Sakhī kennt die Wege zur Vereinigung der Liebenden und wird deshalb als Guru bezeichnet. In der Sakhī sieht die Nāyikā eine Freundin, deren Bild in der Phantasie der Nāyikā ihrem Tanz eine

ॐ सर्वेषां स्वस्तिर्भवतु
ॐ सर्वेषां शान्तिर्भवतु

intime Stimmung verleiht. In anderen Tanzteilen ist die Sakhī eine Dienerin, eine Nachbarin oder auch eine Künstlerin. In manchen Tänzen stellt die Tänzerin keine Nāyikā dar, sondern spricht zum göttlichen Geliebten als Sakhī. Hier beschreibt sie mit großem Geschick und viel Ausdruck den Zustand der Nāyikā. In der Rolle der Sakhī wird die Tänzerin zur Vermittlerin zwischen Mensch und Gott.

Auch der göttliche Geliebte bleibt keine undefinierbare anonyme Macht, sondern er ist der ideale Liebhaber, der jeden Wunsch seiner Geliebten erfüllt. Er ist klug, würdevoll, mutig, selbstkontrolliert und liebenswürdig. Die Nāyikā beschreibt ihn als eine blendende Erscheinung. Wie die einzelnen Gottheiten des Hinduismus sich voneinander unterscheiden, so unterschiedlich kann auch der Geliebte sein. Mal ist er ein treuer idealer Partner und steht der Nāyikā geschickt zur Seite. Wenn er mutig ist, verteilt er seine Gefühle an alle gleich, ist er untreu, zeigt er sich als listig, schlau, leichtherzig, schamlos und betrügerisch.

Die indische Dichtung teilt den göttlichen Geliebten, den Nāyaka,

ॐ सर्वेषां पूर्णंभवतु
ॐ सर्वेषां मङ्गलंभवतु

in vier verschiedene Charaktere ein: den Edlen, den Galanten, den Frechen und den Getreuen. Wenn der Edle besungen wird, preist man seine Körperstärke, sein Bewußtsein, seine Intelligenz und seine Erfahrung. Bescheidenheit und Mitgefühl sind ihm eigen, er ist der göttliche Held Rāma. Der Galante ist der selbstbeherrschte, freudvolle Nāyaka. Er kennt keine Angst, hat ein sanftmütiges angenehmes Wesen, nimmt das Leben leicht und verehrt die Künste. Kṛṣṇa ist das göttliche Bild dieses Helden. Der Dämonenkönig Rāvaṇa hat alle Eigenschaften eines Frechen. Er ist der stolze, intolerante und hochmütige Nāyaka. Voller Selbstliebe praktiziert er Magie und ist maßlos in seiner Eifersucht. Vor ihm ist die Nāyikā auf der Flucht, er ist niemals ihr angebeteter Geliebter. Der Getreue ist der ausgeglichene ruhige Nāyaka. Er ist fröhlich, zuverlässig und zufrieden. Dieser Geliebte ist ein erleuchteter Mensch, ein Heiliger.

Die Nāyikā und der Nāyaka heben durch ihre symbolische Liebe die Thematik des Bharatanāṭyam vom Profanen ab. Die zwischen ihnen vermittelnde Sakhī führt die menschliche Seele zu Gott.

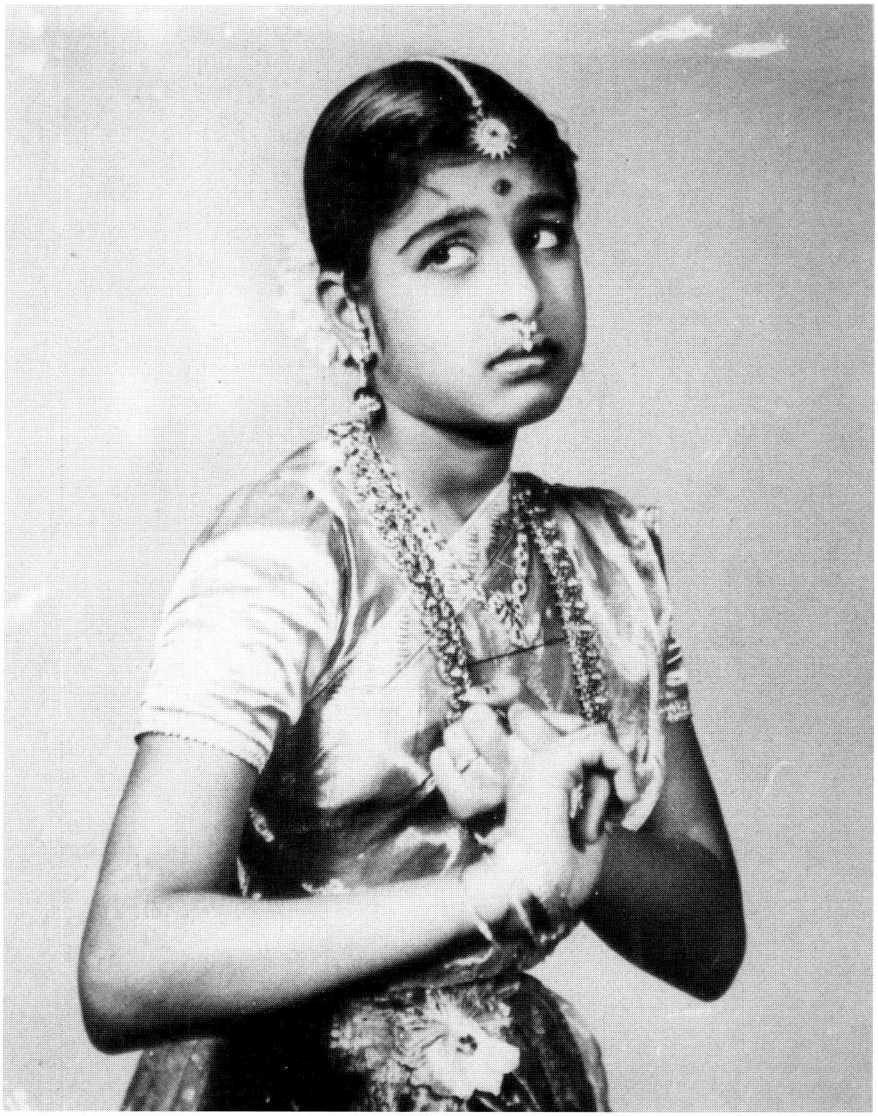

Die Gebärde Pāśa *– der Streit*
Ineinanderverschlungene Zeigefinger sagen hier, zusammen mit dem Gesichtsausdruck der Tänzerin: »Sei mir nicht böse!«

Die Gebärde Kīlaka – *die Freundschaft*
Ineinanderverschlungene kleine Finger stehen für Freundlichkeit.
Oftmals spielt die Tänzerin mit diesen beiden Gesten,
wenn sie die acht Zustände der Liebenden darstellt.

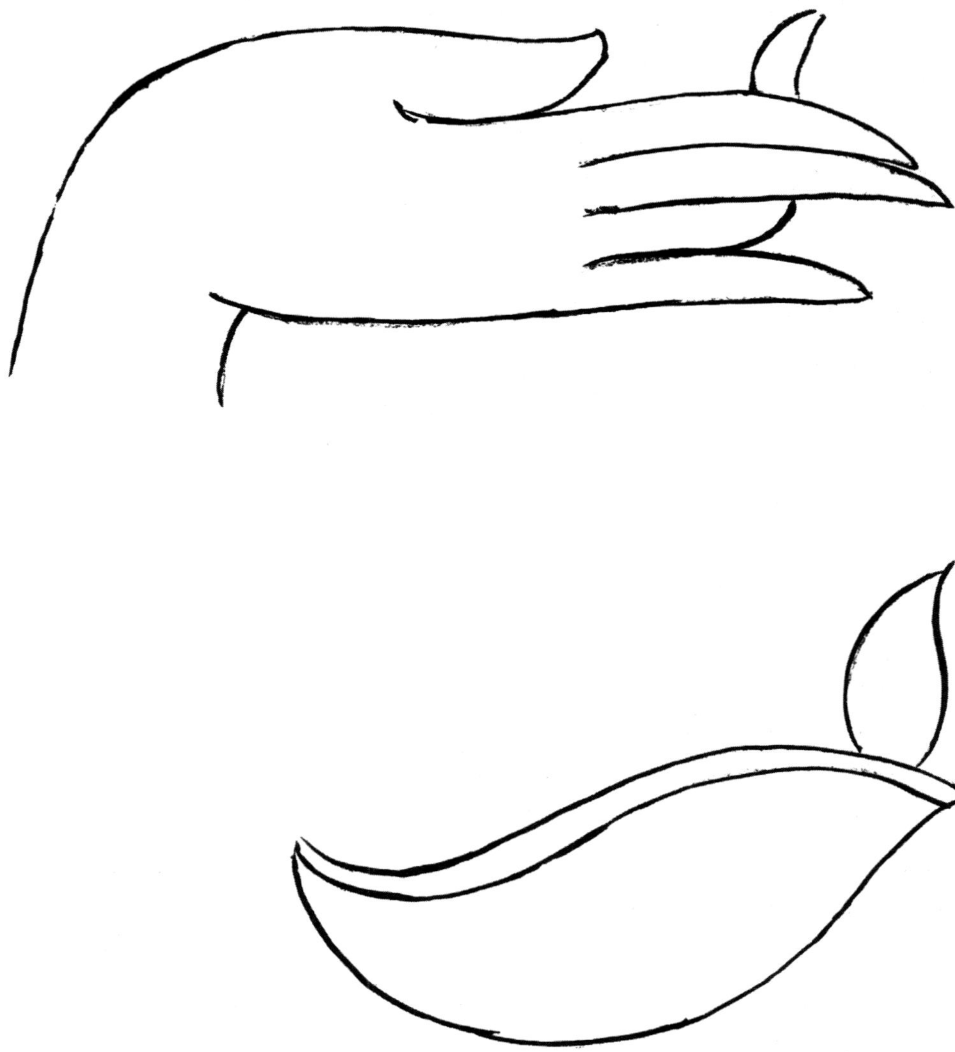

Die Gebärde Tripatāka
– der Wimpel –

Die völlige Hingabe

Wenn das Auge Kṛṣṇa *erschaut,*
hält es inne;
das von den Lidern geruderte Boot
meiner Augen steht still –
es wurde zum Teil des Flusses,
der das Meer erreicht hat und nimmer zurückkehrt.

Hindi Volkslied

Bhakti ist die Liebe zum Göttlichen, Bhakti bedeutet »sich vollkommen widmen«. Dem Bhakta, dem Gott hingebungsvoll liebenden Menschen, offenbart Er sich, und seine Bilder werden durch die Bhaktas ersonnen. Die liebende Hingabe beseitigt störende Gedanken und Zweifel, sammelt den Geist und lenkt die Konzentration auf das Erschauen des Göttlichen.

Die Empfindung von Bhakti führt die Tänzerin weit hinweg von einer alltäglichen Rolle und macht sie, als Symbol des Irdischen, zum Dialogpartner des Überirdischen. Durch Bhakti kann die Tänzerin die Formen der Götter immer weiter erkennen. Wie die Wasser eines Flusses fließen einträchtig Gedanken, Gefühle, Ausdruck und Bewegung der Tänzerin in eine Richtung. Wie ein großer Strom, dessen Energie unaufhaltsam ist, bis er das Meer erreicht, so unaufhaltsam strömt die Energie durch die Tänzerin und treibt sie hin zur göttlichen Allexistenz. Durch ihre Selbstver-

ॐ सर्वेषां स्वस्तिर्भवतु
ॐ सर्वेषां शान्तिर्भवतु

gessenheit findet die Tänzerin zum Einklang mit dem Göttlichen. Der Zuschauer erfreut sich nicht nur an der Kunst, sondern erlebt durch das Bhakti der Tänzerin eine Dimension dessen, was sie erschaut, er erlebt in seiner Vorstellungswelt das ewig unvergänglich Göttliche.

Bhakti ist nicht das Verlangen nach Einheit, nicht mehr bloß eine Sehnsucht, das trennende dualistische Denken zu überwinden. Bhakti ist die völlige Hingabe, man ist sich genug zu lieben und findet darin allein die Erfüllung. Die Kraft der Hingabe ist eine aktive Leidenschaft und kein passives Verhalten.

Bhakti rief eine gesellschaftsverändernde religiöse Bewegung ins Leben, die im 7. Jahrhundert ihren Anfang nahm und sich über ganz Indien ausbreitete. Eines der wichtigsten Symbole für die Bhakti-Bewegung war der Kult von Rādhā und Kṛṣṇa. Rādhā ist die menschliche Seele, die sich der göttlichen Seele Kṛṣṇas liebevoll hingibt. Aus jener Zeit sind viele poetische Dichtungen und Gesänge von den āzhvārs, den Vaiṣṇava-Heiligen, überliefert, die den Gott Viṣnu lobpreisen. Die Nāyanmārs waren die Śaiva-Hei-

ॐ सर्वेषां पूर्णंभवतु
ॐ सर्वेषां मङ्गलंभवतु

ligen der Bhakti-Bewegung, deren poetische Gesänge den Gott Śiva verehrten.
Die Bhakti-Bewegung war eine Renaissance-Bewegung des Hinduismus. Der buddhistische Glaube hatte sich über Indien verbreitet und war zu einer populären Religion geworden, die einen Ersatz bot für viele im Volk, denen das vedische Ritual zu schwer oder nicht zugänglich war. Dem Buddhismus folgt der Jainismus. Bhakti kam als eine revolutionäre Bewegung, denn es war eine einfache Form ohne schwierige Rituale. In ihr, dem Kult der Liebe, vereinigten sich alle Schichten der Bevölkerung. Für die Künste brachte der Bhakti-Kult eine Blütezeit.
Eine der größten Bhakti-Dichterinnen Tamil Nadus war die junge āṇḍāḷ. Sie hat wunderschöne Verse über ihre mystische Liebe zu Kṛṣṇa gedichtet. Eines ihrer berühmtesten Lieder ist die Vision ihrer Hochzeit mit Kṛṣṇa, die sie im Traum sah.
Jayadeva aus Orissa war ein anderer Bhakti-Dichter. Er verfaßte die 24 Verse der Gīta Govinda in Sanskrit, die wir zum Teil bei den »acht Zuständen der Liebenden« kennengelernt haben. Die

ॐ सर्वेषां स्वस्तिर्भवतु
ॐ सर्वेषां शान्तिर्भवतु

Verse beschreiben das hocherotische Liebesspiel zwischen Rādhā und Kṛṣṇa. Dieses Liebesspiel ist als ein Ausdruck der Freude zu sehen, die der Dichter für die Liebe zwischen Mensch und Gott empfindet. Erotik und Weihe sind hier eins, Śṛngāra und Bhakti verwandt. Doch Śṛngāra beinhaltet noch das Bewußtsein der Trennung zwischen Mann und Frau und sucht die erotische Liebe in der Verschmelzung, während Bhakti nichts mehr sucht oder will als die liebende Hingabe und darin die Vollendung sieht.
Jeder klassische indische Künstler weiß, daß er das Göttliche nicht in seiner vollkommenen Uneingeschränktheit darstellen kann, ohne es dabei zu vermenschlichen und abzugrenzen. Der indische Künstler, die indische Tänzerin, deuten das Göttliche deshalb nur an, sie benützen lebensnahe Begriffe und Empfindungen als Symbole für das, was weit über die menschliche Vorstellungskraft hinausgeht.
In suggestiver Weise zeigt die Tänzerin die Liebe für das Göttliche, und der Inhalt ihres Tanzes hat immer eine doppelte Bedeutung. Die Tänzerin lobpreist einen König. Sie beschreibt tanzend seine Tugend als ehrenhaft, gütig und gerecht. Der König aber ist nur

ॐ सर्वेषां पूर्णंभवतु
ॐ सर्वेषां मङ्गलंभवतु

ein Bild für den göttlichen Herrscher. Sie beschreibt sich als Dienerin und meint damit die Liebe des Menschen für seinen göttlichen Herrn. Freimütig nähert sich die Tänzerin dem Göttlichen, wenn sie den Nāyaka herausfordert, schilt und ihn dabei liebend neckt, wie einen menschlichen Partner, in den sie verliebt ist.
Letztlich sieht die Tänzerin Gott aber im Kind. Die Mutterliebe ist die wahrste Form der Liebe, denn sie ist bedingungslos. Eine Mutter wird zwar mit dem Kind schimpfen, es strafen, das wird aber nichts an ihrer Liebe ändern. Durch die Mutterliebe findet der Bhakta eine große Nähe zu Gott.
Zahlreiche Künstler des Abendlandes kannten diese Form von Bhakti. Die Maler malten die Madonna und das Kind, und in Musikkompositionen wird die Geschichte der Mutter Maria und des Kindes Jesus besungen.
Ein Bhakta kann seinen Ausdruck der Gottesliebe weiter fortsetzen. Er sieht Gott überall: in der Pflanze, im Stein, in der Sonne, in allem Leben. Es ist dem Bhakta so leicht zu lieben. Somit ist Bhakti ein Lebensgefühl, eine ekstatische Liebe für alles Leben und den Schöpfer, der sich in allem Leben widerspiegelt.

Die Gebärde Tripatāka – *der Wimpel*

Der Ringfinger gilt als »rein«,
er wird für rituelle Handlungen benützt.
Hier tupft die Frau das rote Mal,
als ein Symbol für Bhakti.

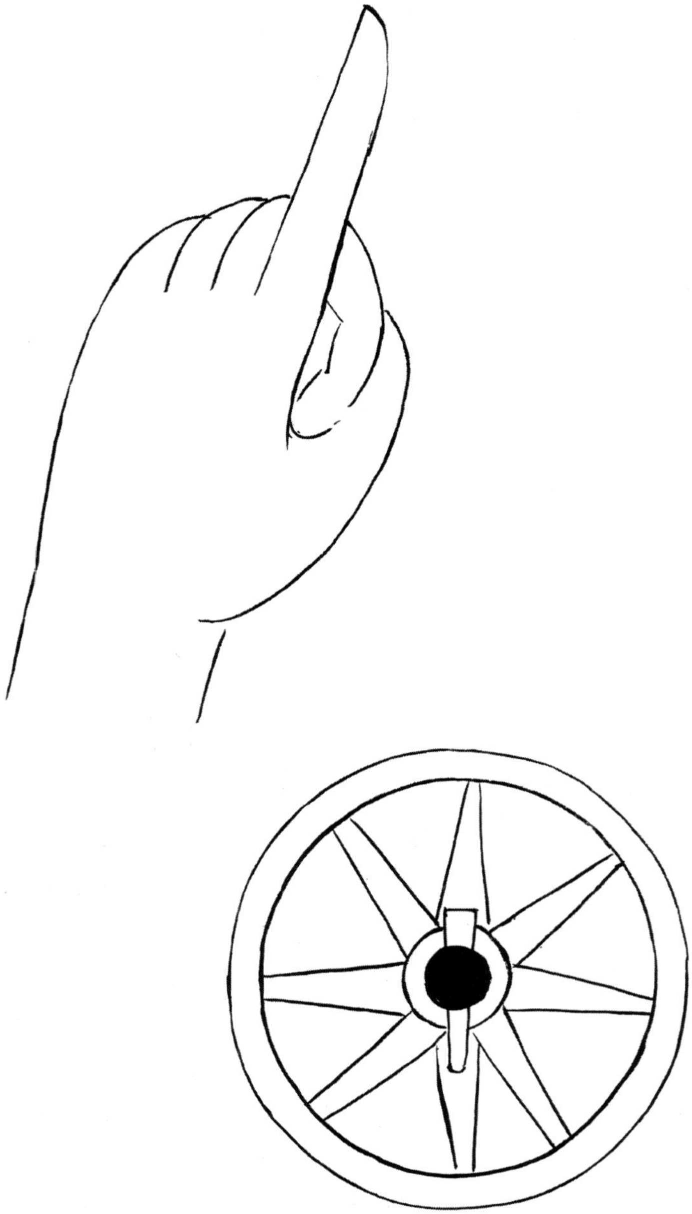

Die Gebärde Sūcī
– die Nadel –

Der Meister singt

Als würdest Du Gott begegnen,
so sei zur Mutter, zum Vater und
zum Lehrer.

Taittirīya Upaniṣad

In der indischen Tradition war die Tänzerin so abhängig vom Naṭṭuvanār wie die Lotosblüte vom Teich, der sie wachsen läßt, ihren Stiel durch sein tiefes Wasser führt und ihrer Wurzel Nahrung spendet. Die Tänzerin gleicht einer Skulptur, die der Naṭṭuvanār zu einem vollkommenen Kunstwerk meißelt. Schon vor 1800 Jahren beschrieb der Dichter Iḷango in seinem Werk »Geschichte des Fußreifs« den Naṭṭuvanār als eine verehrungswürdige, künstlerische Persönlichkeit von vielseitigen Talenten und hochentwickelten Fähigkeiten. Er wurde als ein Meister der Gesangskunst, der die Lieder für die Tänze und dazu den Sprechgesang des Śollukaṭṭu komponierte, bezeichnet, gleichzeitig als großer Künstler des Lautenspiels sowie mehrerer anderer Instrumente, vor allem auch der Trommel. Darüber hinaus war er ein Gelehrter der Tanzlehrschriften. Er wußte, welches Hasta für die verschiedenen Gefühlsausdrücke angewendet werden mußte. Er war der Lehrer der

Tänzerin, der sie als Teil des Tanzorchesters bei ihren Auftritten auch auf dem kleinen Becken, dem Naṭṭuvāngam, begleitete.
Viele Tänze des heutigen Bharatanāṭyam-Repertoires verdanken wir vier großen Naṭṭuvanārs, die vor 180 Jahren in Südindien lebten. Es waren die Gebrüder Piḷḷai, die als Tanjore-Quartett in die Geschichte der Tanzkunst eingegangen sind. Sie genossen die Unterstützung verschiedener südindischer Königshäuser, die zu jener Zeit Mäzene der Tanzkünste waren. Der Kastenname Piḷḷai ist bis zum heutigen Tag Titel der Tempelmusiker und der Naṭṭuvanārs.
Einst belohnte der Königshof und der Tempel die Naṭṭuvanārs für ihre künstlerische Tätigkeit mit der Schenkung von Reisplantagen. Deshalb lebten die Piḷḷais in vielen kleinen Dörfern bis zum Anfang dieses Jahrhunderts als Reisbauern und Tanzmeister oder Tempelmusiker. Viele der winzigen Dörfer hatten ihre eigenen Tempel, sie dienten der Bevölkerung als Kulturzentren.
Ein Urenkel des Tanjore-Quartetts war Meenakshi Sundaram Piḷḷai, der sein staubiges, pflasterloses Dorf Pandanallūr in ganz

ॐ सर्वेषां पूर्णंभवतु
ॐ सर्वेषां मङ्गलंभवतु

Indien berühmt machte. Er war der Lehrer vieler legendärer Tänzer unseres Jahrhunderts und einer der ersten Lehrer der heutigen Tanzakademie Kalakshetra. Seine Schüler machten den Pandanallūr-Stil des Bharatanāṭyam bekannt. Dieser Stil zeichnet sich durch klare geometrische Linien aus. Meenakshi Sundaram Piḷḷai starb im Jahre 1952.
In einem Nachbardorf von Pandanallūr, in Vazhuvūr, lebte etwa 30 Jahre später Rāmayya Piḷḷai, der den Vazhuvūr-Stil des Bharatanāṭyams entwickelte. Dies ist ein graziös fließender Tanzstil mit vielen kunstvoll gehaltenen Posen. Rāmayya Piḷḷai ist heute sehr alt, er lebt in Madras.
Anfang dieses Jahrhunderts, als die Tempel ihren Reichtum längst verloren hatten und es keine Mahārājas als Mäzene für die Tanzkunst mehr gab und dazu noch ein Verbot erlassen wurde, das die Anstellung von Tänzerinnen im Tempel verbot, büßten die Naṭṭuvanārs ihre traditionellen Schülerinnen, die Devadāsīs, ein. In intellektuellen Kreisen der großen Städte bangte man um den Fortbestand der Tanzkunst. Aus vornehmen Bürgerkreisen

ॐ सर्वेषां स्वस्तिर्भवतु
ॐ सर्वेषां शान्तिर्भवतु

kamen nun Schüler und Schülerinnen nach Pandanallūr und in andere Dörfer, um die Tanzkunst zu erlernen. Die Naṭṭuvanārs folgten darauf ihren Schülern und Schülerinnen in die Städte, vor allem nach Madras, dem neuen kulturellen und politischen Zentrum Südindiens. Die Filmindustrie hatte zu dieser Zeit einen Aufschwung, und viele Naṭṭuvanārs bekamen Arbeit in den Filmstudios, wo sie Musik und Tänze für Unterhaltungsfilme komponierten. Für den traditionellen Naṭṭuvanār war dies eine ganz andere Welt als die stille Umgebung der Dörfer und der palmumschatteten Reisfelder.
In manchen Hinterhöfen im dicht besiedelten Madras unterrichten heute noch traditionelle Naṭṭuvanārs in hohem Alter, sie haben aber keinen Nachwuchs, und der Beruf des Naṭṭuvanārs stirbt allmählich aus. Die berühmte Tanzakademie Kalakshetra bietet heute eine solide Tanzausbildung nach dem westlichen Vorbild der Akademien. Überwiegend aus Indien und anderen Ländern Asiens, vereinzelt auch aus Ländern anderer Erdteile studieren hier Jungen und Mädchen Bharatanāṭyam und indische Musik. Die

ॐ सर्वेषां पूर्णंभवतु
ॐ सर्वेषां मङ्गलंभवतु

hier ausgebildeten Tänzer und Tänzerinnen gründen oft eigene Schulen und geben weiter, was sie gelernt haben. Die vielseitige, kreative, den Tanz ständig erneuernde und doch die Tradition des Tanzes erhaltende Figur der Naṭṭuvanārs entschwindet aus der Welt des Bharatanāṭyams immer mehr. Tänzer, die selbst im Rampenlicht stehen, können ihre Schüler nie so unterstützen wie der Naṭṭuvanār, der einzig und allein durch seine von ihm ausgebildeten Tänzerinnen als Lehrer und Komponist berühmt wurde. Für die Tanzkunst bedeutet das Aussterben des Naṭṭuvanārs einen noch nicht erahnten Verlust.

In Indien wird traditionell im Lehrer eine Persönlichkeit gesehen, die von der Dunkelheit »gu« ans Licht der Weisheit »ru« führt. Ein Naṭṭuvanār war ein »Guru«, der Autorität besaß und dem man Respekt schenkte. Mit dem Verlust des Gurukulavāsa-Systems der Erziehung – das heißt wörtlich »Aufenthalt im Hause des Lehrers« – verliert Indien seine einmalige, traditionelle Bildungs- und Erziehungsmethode. Gerade für das Studium des indischen Tanzes ist eine intime Atmosphäre und ein fester und naher Kontakt zu

ॐ सर्वेषां स्वस्तिर्भवतु
ॐ सर्वेषां शान्तिर्भवतु

einem Guru notwendig, weil der Tanz eine Zwiesprache mit Gott ist. Ein Tanz-Guru vermittelte neben technischem Wissen auch den Weg zur geistigen Erkenntnis und Erleuchtung.

Rukmini Devi, eine berühmte Tänzerin, schrieb 1938 über ihren Guru Muthukumāra Piḷḷai (1874-1960): »Ich werde ihn nie vergessen, denn er war nicht nur ein großer Tänzer und Lehrer, sondern auch ein Mensch mit einem feinen und edlen Charakter voll Ehrlichkeit und friedlicher Ausstrahlung. Seine Liebe zur Kunst war voller Hingabe und niemals berechnend. Er hat sich nie selbst gelobt und war glücklich, anderen sein Wissen zu schenken. Er war persönlich um seine Schüler besorgt und nahm Anteil an ihrem Leben.«

Bei den heutigen Auftritten der Tänzerin übernimmt der Sänger das Ansagen der Śollukaṭṭu und begleitet die Tänzerin auf dem Naṭṭuvāngam. Als Sänger beherrscht er die Tanzkunst nicht, und er ist nicht in der Lage, Tänze zu komponieren. Während die Tänzerin früher ihr Leben lang mit einem Naṭṭuvanār verbunden blieb, wechselt sie heute öfters die Sänger. Ohne Naṭṭuvanār ist die

ॐ सर्वेषां पूर्णंभवतु
ॐ सर्वेषां मङ्गलंभवतु

Tänzerin wie eine Lotosblüte ohne Wasser. Zwar hat sie die Sonne des Göttlichen und die Erde der Tradition, aber sie dürstet nach Inspiration und Nahrung.

Noch heute beginnen die Mädchen und Jungen ihr Tanzstudium bei einem erwählten Lehrer oftmals am Festtag der Sarasvatī (Anfang Oktober). Sie opfern dem Lehrer Früchte und Blumen und beten zur Göttin Sarasvatī. Möge Sarasvatī, die lotosgeborene Göttin der Künste, des Lernens und der Weisheit, alle, die die Tanzkünste studieren, bescheiden machen und sie vor Stolz und dem Glauben »zu wissen« schützen. Wer ein Leben lang bereit ist, zu lernen und sich für neues Wissen zu öffnen, wird in Schönheit und Vollkommenheit der Lotosblüte gleichen.

Der tiefe Respekt vor einem Tanz-Guru ist für jede Tänzerin notwendig. Er schützt sie vor Hochmut und dem Verfall ihrer Tanzkünste. Möge Sarasvatī uns, die wir im materiellen Zeitalter leben, die liebevolle Achtung vor dem Stand des Lehrers erhalten und uns die geheimnisvolle Energie des Schöpfers, die in jedem Lehrer wohnt, wieder ins Bewußtsein rufen.

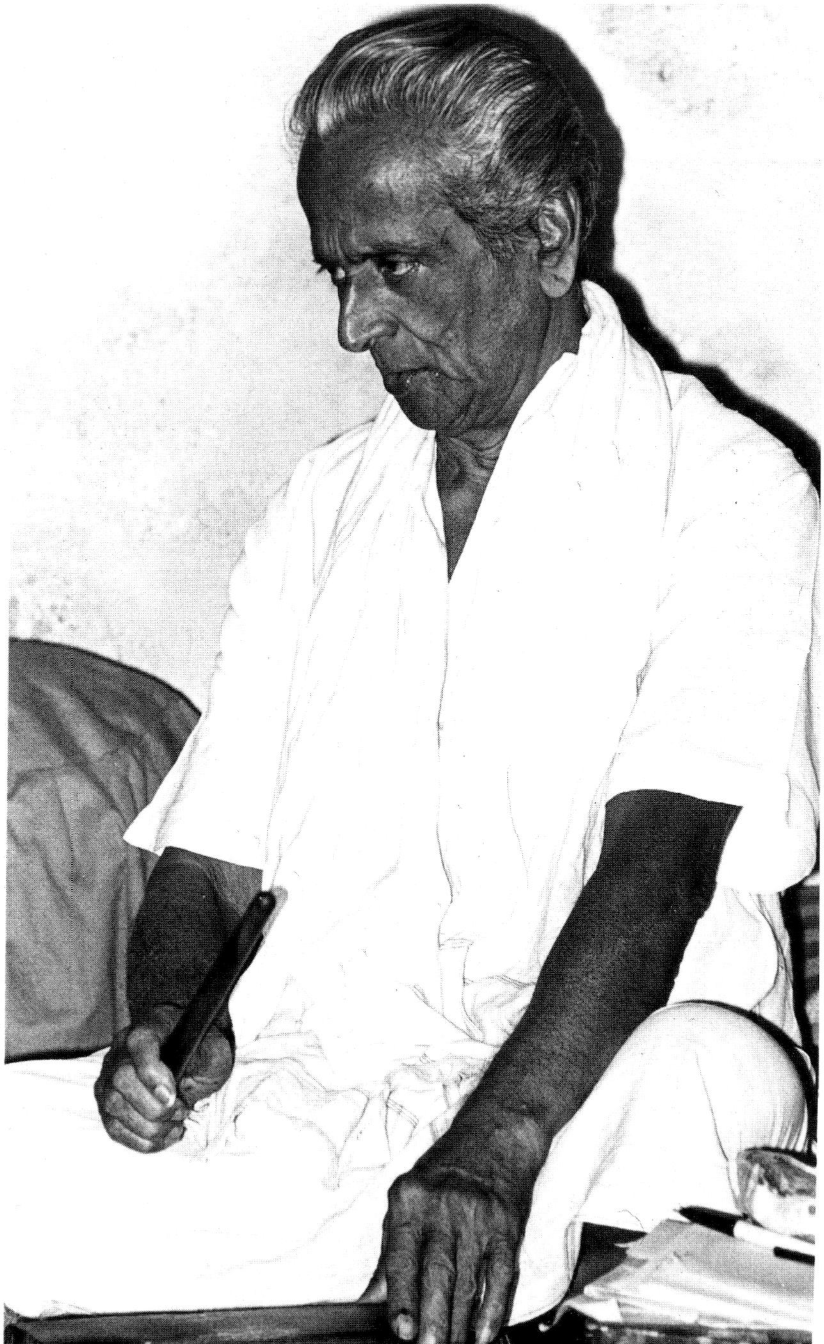

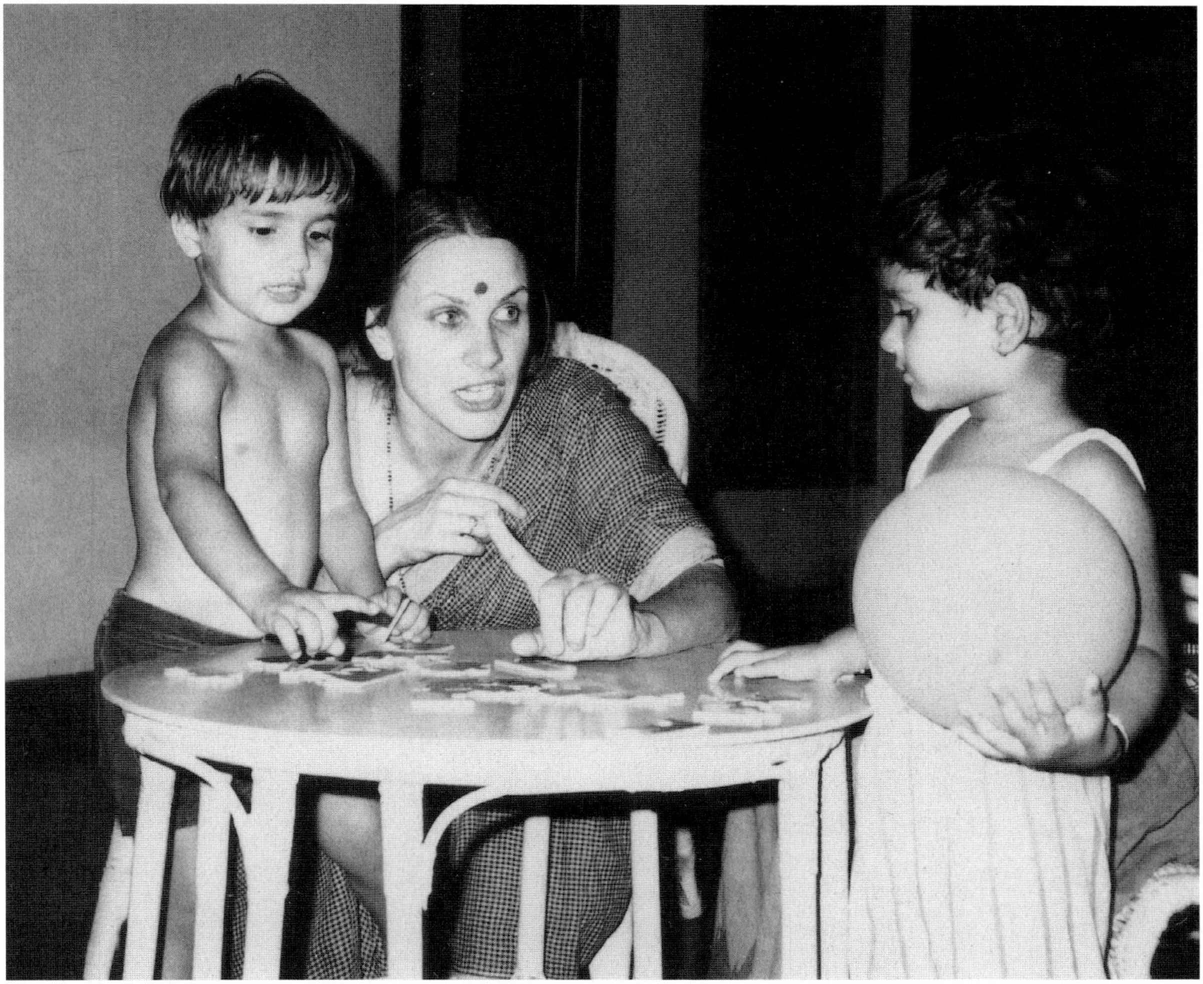

Die Gebärde Sūcī *– die Nadel*

Der Zeigefinger zeigt:
die Mutter dem Kind, der Lehrer dem Schüler.
Sie zeigen zu einem Punkt, haben ein Ziel.
Derselbe Finger droht,
wenn die Schützlinge vom Weg abkommen.

Die Gebärde Śivalinga
– Śivas Kraft –

Die letzten Priesterinnen

Tanzend kam ich,
o göttliche Mutter,
sei mir gnädig gesinnt,
Tag für Tag diene ich,
tanzend …

Tanzlied
(mündlich überliefert)

Devadāsī, Dienerin der Götter, war der Name für die Tänzerin. Die Devadāsīs bildeten eine Kaste mit eigenen Gesetzen. Sie lebten in einer matriarchalisch strukturierten Ordnung im Gegensatz zur übrigen patriarchalisch geprägten Tamil-Gesellschaft. Der Kult der Devadāsīs, des tanzenden weiblichen Priestertums, wird verständlich, wenn wir die religiösen Hintergründe und die Stellung des Weiblichen im Hinduismus betrachten. Ein Sprichwort sagt, in Indien ist Gott eine Frau. Śakti, die kosmische Energie, bringt Śiva, versinnbildlicht als leblose Materie, zum Leben.
Śakti wird als Göttin angebetet und wechselt als Śivas Frau ihre Namen und ihre Erscheinungen, sie ist Devī, Pārvatī oder Kāli. Als Begleiterin von Bramhā heißt die Śakti Sarasvatī, Sangitā oder Jnānaśakti und als Gespielin von Viṣṇu Lakṣmī, Śrī oder Padminī. Ihre Namen sind scheinbar unbegrenzt, wie die Phantasie die Śakti eben jeweils immer wieder neu ins Bild rufen will. Die Gangā und auch Bhūmī, die Erde, verehrt man als Śakti. Jedes winzige

ॐ सर्वेषां स्वस्तिर्भवतु
ॐ सर्वेषां शान्तिर्भवतु

Dorf hat einen kleinen Schrein, der Śakti, von der Bevölkerung schlicht Amman – Mutter – genannt, gewidmet ist.
Die weibliche Energie, Śakti, ist mal gefährlich, bringt Katastrophen, Krankheit und Tod, mal ist sie freundlich gestimmt, segenspendend und bringt Geburt und Leben. Die gegensätzlichen Kräfte der Śakti gilt es im Gleichgewicht zu halten. Der Hindu versucht, durch tägliche Rituale die Śakti als höchste und stärkste universelle Kraft wieder und wieder zu besänftigen. Da die Śakti unheilbringend sein kann, glaubt er, sie durch die Verbindung mit dem männlichen Element zu beruhigen und lebenspendend fruchtbar zu machen. Śakti werden Opfer, ein Symbol von Materie, gebracht.
Im Schrein jedes Śiva-Tempels steht ein Yoni-Linga-Gebetsstein für die Vereinigung von Energie und Materie, Śakti und Śiva, weiblich und männlich. Er wird in täglichen Ritualen besungen, mit Milch, Butter und Kokosmilch begossen, mit Wasser gereinigt, mit Sandelpaste bestrichen, mit Blumen geschmückt und mit Tüchern bekleidet.

ॐ सर्वेषां पूर्णंभवतु
ॐ सर्वेषां मङ्गलंभवतु

Die positiven und die negativen Kräfte, die im Universum immer bestehen, sollen im Gleichgewicht gehalten werden. Der Gedanke, ob etwas »glücksbringend« oder »unglücksbringend«, »günstig« oder »ungünstig« sei, bestimmt das Denken des rituellen Hindu. Er sucht alle seine Tätigkeiten mit der günstigen Zeit in Einklang zu bringen. Der Hindu lebt in Harmonie mit den Kräften und Strömungen des Universums. Sein Zeitdenken ist vollkommen anders als das des modernen Menschen. Alles was unglücksbringend unter ungünstigem Aspekt geschieht, muß durch ein Ritual ausbalanciert werden. Der weitverbreitete Glaube des »bösen Auges«, der negativen Energie, die einen Menschen treffen kann, wird durch ārati, das Schwenken der Flamme, beschwichtigt.
Jede Frau ist Teil der Śakti. Eine Jungfrau, deren Blut noch nicht mit dem Männlichen vermischt ist, gilt nach hinduistischem Denken als unkontrollierbar, eine verheiratete Frau ist glücksbringend, eine Sumangalī. Sie nimmt an allen Ritualen teil und führt ārati für alle Mitglieder des Haushaltes aus. Die Sumangalī kann die negative Energie des »bösen Auges« abwenden. Ihr Status als

ॐ सर्वेषां स्वस्तिर्भवतु
ॐ सर्वेषां शान्तिर्भवतु

Sumangalī ist jedoch begrenzt, denn sie ist mit einem sterblichen männlichen Lebewesen verheiratet und vor dem Witwenstand nicht geschützt. Eine Witwe ist von der direkten Teilnahme an allen Ritualen ausgeschlossen, ihr Zustand gilt als ungünstig.

Der Wunsch nach einer ewig glücksbringenden Frau, einer Nityasumangalī, wurde aus dieser Weltanschauung geboren. Die Nityasumangalī ist der gnädig gestimmten Śakti am nächsten. Die Devadāsī, als Tänzerin einer rituellen Kunst, war eine Nityasumangalī. Sie war mit dem Symbol der göttlichen Kraft verheiratet und lebte freier als andere Frauen der Gesellschaft. Ihre Beziehungen, auch zu verheirateten Männern, die ihre Künste unterstützten, waren niemals eine Schande, eher ein wünschenswerter Zustand. Der Umgang mit einer Devadāsī galt für Männer wie für Frauen als äußerst erstrebenswert. Die Devadāsī brachte günstige Omen. Eine Braut erhielt am Tag ihrer Hochzeit von einer Devadāsī schwarze Perlen für das Hochzeitsamulett, diese sollten sie vor dem Witwenstand bewahren.

Die Mythologie beschreibt die Tänzerinnen als Apsarās, als wunderschöne, verführerische Wesen, die sich wie Wasser fließend im Himmel bewegt haben und den Götterkönig Indra erfreuten. Viele Apsarās sollen in die tiefen Wälder gekommen sein und manchen Einsiedler und Yogi zum weltlichen Leben zurückgerufen haben. Einst verliebte sich die Apsarā Ūrvaśī in Indras Sohn und wurde in ein weltliches Dasein zurückgeschickt. Sie kam als Tänzerin auf die Erde und Indras Sohn als Bambusstock, mit dem der Naṭṭuvanār beim Tanz den Rhythmus schlägt.

Vor 1800 Jahren beschrieb der Dichter Iḷango die Tänzerin als hochgebildete Frau, die in vielen Künsten Meisterschaft erlangt hatte. Am Tag ihres ersten Tanzauftrittes reitet sie auf dem königlichen Staatselefanten bei einer ihretwegen stattfindenden Prozession durch die Stadt. Iḷango schreibt weiter, wie sie nach ihrem erfolgreichen Tanzauftritt vom König mit 1008 Goldtalern und einem Kranz aus grünen Blättern belohnt wurde. Von ihrer Magd wurde der Kranz zu einem hohen Preis verkauft, und der Käufer wurde der Mäzen und Beschützer der Tänzerin.

Ein anderes Tamil-Epos aus derselben Zeit beschreibt die Tän-

zerinnen als einen stolzen Frauenstand, die sich nicht an einen weltlichen Mann binden und ein häuslich-bürgerliches Dasein führen, sondern einem wertvollen Instrument gleichen, das seinen Besitzer oft wechselt. Daraus kann man folgern, daß es vor 1800 Jahren in Indien einen Frauenstand gab, der innerhalb der Gesellschaft einen außergewöhnlichen Status hatte.

Nityasumangalīs als Devadāsīs, als ewig glücksbringende Frauen, muß es schon früher als zu Iḷangos Zeiten gegeben haben. Bei Ausgrabungen im Industal wurde eine kleine Statue in der Nähe der Ruine eines Wassertanks gefunden. Die 5000 Jahre alte, fingergroße Figur wird von Archäologen als eine Tänzerin identifiziert, und der Wassertank als rituelle Badestelle.

Im Jahre 900 n. Chr. kam das Königsgeschlecht der Cholas in Südindien an die Macht, und der Śivā-Kult wurde die bedeutendste religiöse Strömung. Die Cholas begannen mit dem Bau der großen Tempel. Der Tempel in Tanjore hatte zur Zeit der Cholas 400 weibliche Angestellte als Devadāsīs. Diese hatten vielerlei rituelle Aufgaben im Tempel. Sie schmückten die Gottheiten mit Blüten,

erfreuten sie durch Gesang und Tanz, schaukelten sie bei der Nachtzeremonie in den Schlaf, führten nach der Prozession ārati für die Götter aus, füllten die Lampen mit Öl, malten Maṇḍalas auf den Tempelboden und reinigten die rituellen Gegenstände des Tempels. An Festtagen sorgten sie durch Tanzprogramme für die Unterhaltung. Der Tempel erhielt Abgaben aus der Agrarwirtschaft der Dörfer, Gold, Silber und Edelsteine durch Spenden der Kaufleute und des Königs. Die Tempel waren autonom, standen über der Macht des Königs und waren geistiges, soziales und kulturelles Zentrum für die Bevölkerung. Der Tempel konnte auch Geld gegen Zinsen verleihen und in Geschäfte investieren.
Die Devadāsīs lebten seit den Cholas im Bezirk des Tempels in eigens für sie vorgesehenen Häusern, in naher Nachbarschaft zu den Tempelmusikern, und wurden mit allem Lebensnotwendigen vom Tempel versorgt. Der wertvolle Schmuck, den sie bei ihren täglichen Tanzritualen trugen, war Eigentum des Tempels. Im Alter wurden Devadāsīs mit einer Pension belohnt. Die älteste Devadāsī regelte die Angelegenheiten der jüngeren Frauen ihrer

ॐ सर्वेषां पूर्णंभवतु
ॐ सर्वेषां मङ्गलंभवतु

Familie. Wurde im Hause einer Devadāsī eine Tochter geboren, wurden Lämpchen angezündet, blieb es dunkel, war es »nur« ein Sohn.

Reiche Familien luden Devadāsīs in ihre Häuser ein, um dort bei Festen zu singen und zu tanzen. Viele Devadāsīs waren wohlhabende Frauen, sie spendeten Geld für soziale Zwecke. Der Privatbesitz der Devadāsī wurde an ihre Töchter vererbt, und diese wurden meistens auch wieder zu Devadāsīs. Aber auch aus anderen Kasten stammende Familien gaben ihre Töchter dem Tempel, um sie zu Devadāsīs weihen zu lassen.

Die Weihung einer Devadāsī geschah im Alter zwischen sechs und neun Jahren; sie wurde symbolisch mit der Waffe des Gottes, dem Dreizack, oder mit einem anderen Symbol der göttlichen Kraft vermählt.

Danach begann ihre Ausbildung in den klassischen Künsten, Tanz, Gesang und Rezitation. Nach Beendigung der Ausbildung gab es ein Fest im Tempel, die Devadāsī tanzte zum ersten Mal, und der Priester rezitierte Mantras. Der jungen Devadāsī wurde ein männlicher Beschützer zur Seite gegeben, sie war nun eine Nityasumangalī.

Es gab verschiedene Arten von Devadāsīs, die den unterschiedlichsten Aufgaben des Tempels nachgingen. Die besten Tänzerinnen unter den Devadāsīs, die Rudragaṇikās, übten nur die Aufgabe des Tanzes aus.

Die Devadāsīs, von europäischen Dichtern als Bajaderen besungen, überlieferten bis in unser Jahrhundert hinein eine uralte klassische Tanzkunst. Der Zeitgeist unseres Jahrhunderts hat sie aus dem Tempel vertrieben und dabei beinahe diese rituelle Tanzkunst zerstört. Der Kult der Devadāsīs als Nityasumangalīs wurde am 11. November 1947 verboten und die Weihung von Mädchen für den Tempel abgeschafft. Eine der letzten matriarchalisch lebenden Volksgruppen wurde von der neuen pragmatisch denkenden patriarchalischen Gesellschaft abgelöst und aufgesogen. Die Tanzkunst hatte ihre Priesterinnen verloren. Die Lotosblüte wurde in der modernen Gesellschaft vom Stengel abgeschnitten und fiel. Die Wurzel des Lotos treibt aber schon neue Blüten und hat hoffentlich genug Nahrung, um ein neues »Priestertum« entstehen zu lassen. Die neuen Dienerinnen der Tanzkunst mögen an anderen Orten tätig sein, aber die mystische Erfahrung, geboren aus dem ästhetischen Erlebnis dieser stilvollen Kunst, werden sie weiterhin ihrem Publikum schenken können.

Die Gebärde Śivalinga

Der Berggipfel steht für die unerreichbare Macht Śivas und wird als Linga-Stein in Tempeln verehrt. Die Tänzerin umarmt mit ihrem weiblichen Charme durch die Geste den ewigen, unsichtbaren Geliebten. Die Hausfrau erzeugt mit dieser Gebärde köstliche Speisen.

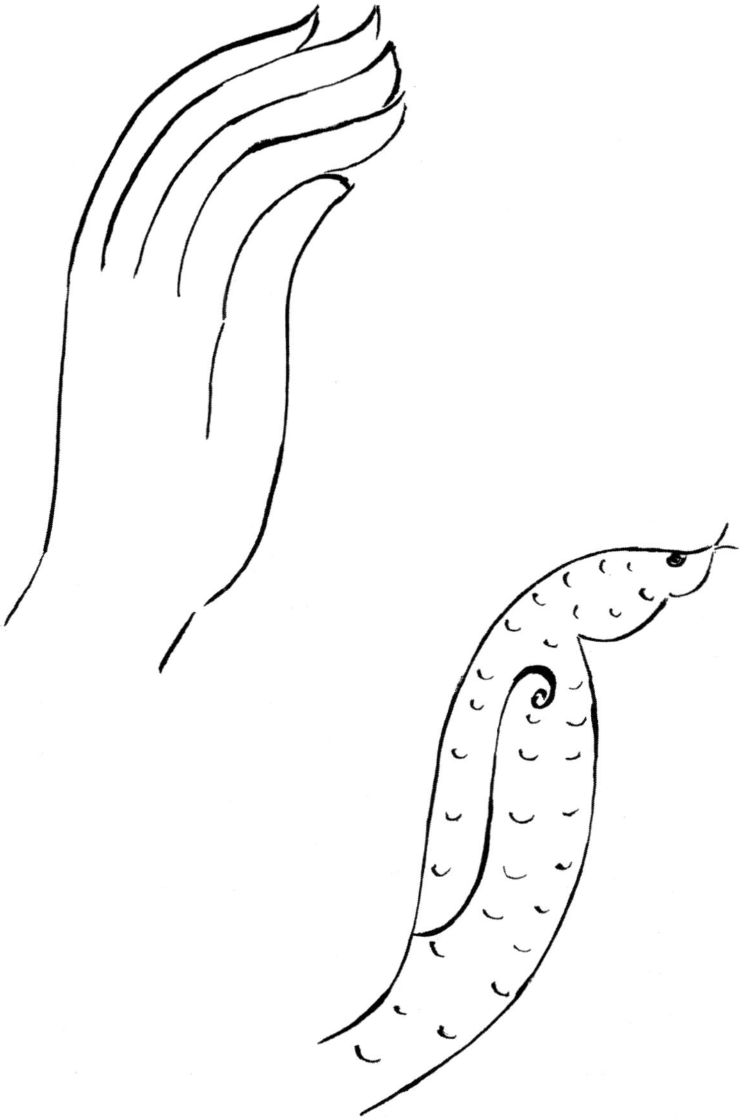

Die Gebärde Sarpaśīrṣa
– der Schlangenkopf –

Der verbotene Tanz

»Die Prozession kam langsam daher. Manchmal hielt sie an, und angsterregendes Schreien und Brüllen füllte die Luft. Zahlreiche Kurtisanen, die Devadāsīs, führten obszöne Tänze auf, und solange die Prozession anhielt, erzeugten Trommeln, Trompeten und andere Instrumente unharmonische Klänge. An der Seite fochten nackte Männer miteinander und andere tanzten in Gruppen und schlugen mit Stöcken auf die Trommeln. Irgendwo sah man auch Ringkämpfer. Die gläubigen Pilger krochen auf Händen und Füßen vor dem Götterwagen. Die, die nichts zu tun hatten, schrien derart, daß ein Donner im Himmel nicht mehr gehört werden konnte. Um sich ein Bild über das schreckliche Durcheinander machen zu können, das diese besessene Masse erzeugt, muß man eine solche Prozession gesehen haben. Ich selbst kann nie eine Hinduprozession betrachten, ohne dabei an ein Bild aus der Hölle erinnert zu werden.«

So beschreibt Abbé Dubois das ihm fremde Kulturleben Indiens Anfang des 18. Jahrhunderts. Der portugiesische Priester empfand die hochentwickelte Tanzkunst der Devadāsīs als obszön

ॐ सर्वेषां स्वस्तिर्भवतु
ॐ सर्वेषां शान्तिर्भवतु

und die Musik als unharmonisch. Er bezeichnete die bronzenen und steinernen Götteridole, um deren Besitz heute jedes Museum dieser Welt kämpft, als »groteske, ekelerregende und obszöne Monster«.

Dubois Aussage ist ein Beispiel für das völlige Unverständnis und das Vorurteil, mit dem, nicht nur zu seiner Zeit, ein fremdes kulturelles Phänomen abgeurteilt wird. Indiens Geschichte ist geprägt von jahrhundertelanger Fremdherrschaft, die der rituellen Tempelkunst argwöhnisch gegenüberstand. Dies hat die Haltung der Hindus so stark beeinflußt, daß sie allmählich selbst die Kunst des Tempeltanzes als obszön verurteilten und Kampagnen gegen die Devadāsīs führten.

Der Verfall des hochentwickelten Devadāsī-Systems begann mit dem Eindringen der Mohammedaner ins hinduistische Südindien. Dem Muslim ist die Frau als verschleiertes Wesen, verborgen im Harem, heilig. In der Tänzerin mit dem nackten Gesicht sieht er eine Unterhaltungskünstlerin für die Hofgesellschaft, für den Sadir, den Königshof, und keine dem Göttlichen nahestehende Frau. Die neugegründete Stadt Madras hatte einen mohammedanischen

ॐ सर्वेषां पूर्णंभवतु
ॐ सर्वेषां मङ्गलंभवतु

Statthalter, der das neue gesellschaftliche Leben prägte. Der Tanz hieß ab jetzt Sadir, und viele Devadāsīs wurden zu Nautchmädchen, Unterhaltungskünstlerinnen, die auch an den Höfen der mohammedanischen Prinzen tanzten.
Ein mohammedanischer König – Tippu Sultan – hatte viele Nautchmädchen an seinem Hof in Srirangapatnam bei Mysore. Die noch regierenden Hindukönige des Königreichs Tanjore und Travancore riefen Devadāsīs an ihre Höfe, sie wurden Rājadasīs genannt, Dienerin des Königs. Die Tanzkunst erlebte als höfische Kunst des 19. Jahrhunderts eine neue Blütezeit.
Das viktorianische, prüde Weltbild der Briten, das Indien beeinflußte, empfand die Tempeltanzkünste als skandalös. Eine königliche Hoheit, die im 19. Jahrhundert Südindien besuchte, lehnte es strikt ab, eine eigens für sie arrangierte Vorstellung zu besuchen.
Zu Beginn des 20. Jahrhunderts waren die Tempel verarmt, und die Mahārājas hatten ihre Macht verloren, wodurch die Devadāsīs ihr Ansehen und ihre Rechte einbüßten. Der Anspruch auf tempeleigenes Land, das ihnen nach Gesetz zustand, wurde ihnen

streitig gemacht. Töchter der Devadāsīs fingen an, andere Berufe zu erlernen. Doch um ihre Rechte im Tempel aufrecht zu erhalten, brauchten die Devadāsīs Nachfolgerinnen für ihre Tätigkeiten. Manche adoptierten kleine Mädchen von unverheirateten Müttern. Dadurch wurde ihr Ruf noch mehr geschädigt, und man druckte und verteilte Schmähschriften über die Devadāsīs.

Die Hindugesellschaft wurde darauf aufmerksam gemacht, daß Tanzaufführungen bei Hochzeiten und anderen Hindufesten die Religion beschmutzten und dem Ansehen des Hinduismus schadeten. Nautchmädchen kamen in den Ruf von Freudenmädchen. Der Besuch einer Tanzaufführung war nicht mehr schicklich. So umgab Anfang dieses Jahrhunderts ein vollkommenes Tabu die Devadāsīs, und ein Stigma lastete auf ihnen und ihren Künsten. Wer jetzt noch mit Devadāsīs verkehrte, setzte sich dem Gespött der Gesellschaft aus. Dabei hieß es noch 100 Jahre zuvor, daß der Umgang mit den Devadāsīs, den bestgekleidetsten und gebildetsten Frauen, den Mann von allen Sünden reinige.

Ein heute 70 Jahre alter Künstler aus der Devadāsī-Kaste erzählt: »In den zwanziger und dreißiger Jahren waren wir die Aussätzi-

ॐ सर्वेषां पूर्णंभवतु
ॐ सर्वेषां मङ्गलंभवतु

gen der Gesellschaft. Wenn wir Musik und Tanz übten, wollten wir nicht, daß unsere Kinder dabei waren, und rieten ihnen, diese verpönten Künste zu meiden.« Es gab kaum noch öffentliche Tanzaufführungen. Anna Pawlowna, die russische Ballerina, suchte während ihrer Indienreise im Jahre 1929 vergeblich nach Tanzaufführungen. Ein deutscher Philosoph, Graf Keyserling, beschrieb eine in dieser Zeit stattfindende Aufführung in Tanjore: »Viele Stunden tanzten sie in der halbdunklen Halle, und ich verlor angesichts der Nautch jeden Zeitbegriff. Glitzernde Gewänder verhüllten und dämpften die Bewegtheit des Muskelspiels. Jede scharf anhebende Kurve klang sanft in goldenen Wellen ab, auf denen die Geschmeide wie Sterne funkelten. Gebärden begannen und endeten mit den Händen oder flossen in den weichen ruhenden Leib zurück. Alle hastigen Bewegungen sanken, kaum hervorgesprudelt, zurück in das Pathos des ruhig dahinfließenden Lebensstroms.«
Im Jahre 1929 wurde ein Gesetz erlassen, das die Weihung zur Devadāsī in Form einer Heirat mit einem Idol verbot. Eine Rechtsanwältin, die dieses Gesetz mitbestimmte, war aus einer Devadāsī-

ॐ सर्वेषां स्वस्तिर्भवतु
ॐ सर्वेषां शान्तिर्भवतु

Familie. Sie fand es tragisch und ausbeuterisch, daß die kleinen Mädchen, noch bevor sie reif genug waren, um über ihr Leben zu entscheiden, für ein Schicksal bestimmt wurden, das eine Heirat und ein bürgerliches Leben unmöglich machte und sie in die Hände vieler Ausbeuter trieb.

Als Tanz im Tempel im Jahre 1947 dann vollkommen verboten wurde, verloren alle Devadāsīs ihre Heimat und ihren Unterhalt. Viele kamen in die Millionenstadt Madras und fanden Arbeit beim Film. Daß die klassische Tanzkunst nicht ausgestorben ist, verdankt die Welt einigen Persönlichkeiten, die sich für diese Kunst einsetzten, teilweise ihr Vermögen für ihre Erhaltung spendeten. Der Führer des Freiheitskampfes um Indiens Unabhängigkeit, Mahatma Gandhi, hat die indische Bevölkerung auf ihre eigene Kultur aufmerksam gemacht und ihr wieder ein kulturelles Bewußtsein geschenkt. So gab er auch den Anstoß für die Renaissance der klassischen indischen Künste.

Rukmini Devi aus der Theosophischen Gesellschaft von Adyar (Madras) war eine bedeutende Kämpferin für die Tanzkunst. Als Dame aus guter Gesellschaft erregte sie die Gemüter mit ihren

ॐ सर्वेषां पूर्णंभवतु
ॐ सर्वेषां मङ्गलंभवतु

ersten Tanzauftritten, zu einer Zeit, in der die Tanzkunst als eine verbotene, ja unwürdige, obszöne Kunst gesehen wurde. Rukmini Devi überzeugte bei ihren Auftritten mit ihren stilvollen Kostümen und vor allem durch ihre wunderschöne Ausstrahlung. Sie taufte den Tanz, der bis dahin unter vielen Namen, wie Dāsiāttam, Nautch, Sadir und Chinnemelam bekannt war, »Bharatanāṭyam«. Zusammen mit Meenakshi Sandaram Piḷḷai, Muthukumara Piḷḷai und vielen Komponisten und Musikern lehrte sie in der von ihr gegründeten Schule für die indischen Künste in Kalakshetra. Auch Gauri Amma, aus dem Mylapore-Tempel in Madras entlassene Devadāsī, kam nach Kalakshetra, um dort zu unterrichten. Rukmini Devi hat in Kalakshetra das Studium der Tänze, der Musik und der Malerei für Mädchen und Jungen aus allen Kasten und allen Nationalitäten zugänglich gemacht. Mit ihrer Weitsicht sagte sie: »Kunst kennt keine Grenzen, Bharatanāṭyam ist universell, es verlangt vollkommene Hingabe. Die Tanzkunst zu erlernen und auszuüben ist eine Religion«. Rukmini Devi starb im Jahre 1986 als international anerkannte Persönlichkeit.
Balasaraswati war die letzte große Tänzerin aus der Devadāsī-

Kaste. Auch sie gab ihr Debüt als Tänzerin zu einer Zeit, in der kaum jemand dem Tanz wohlgesonnen war. Viele Tanzkenner schwärmen noch heute von ihrem ersten Auftritt 1933 als 15jähriges Mädchen. Bharatanāṭyam eroberte langsam die Bühnen dieser Welt. Balasaraswatis Auftritte zu Anfang der sechziger Jahre in Tokio, New York und beim Festival in Edinburgh verhalfen ihr zu internationalem Ansehen. Als Balasaraswati 1984 starb, trauerte man in Indien um die letzte berühmte Devadāsī.

Bharatanāṭyam wurde an den Universitäten Baroda, Delhi, Bombay, Benares und Madras zum Lehrfach. Ferner gibt es in den großen Städten viele private Tanzschulen. Da meist ein Mäzen für die Künste fehlt, ist Tanz in der Regel nur ein zweiter Beruf oder Hobby. »In einem Land von 500 Millionen Einwohnern gibt es nur zwei Dutzend professionelle Bharatanāṭyamtänzer«, schrieb der

Tanzkritiker Sunil Kothari in seinem 1979 veröffentlichten Buch »Bharatanāṭyam«.

Der klassische südindische Tempeltanz wurde zur städtischen Kunst, und die Menschen auf dem Land, deren Großeltern noch die Devadāsīs gesehen haben, wissen oft nicht, wie Bharatanāṭyam aussieht. Dagegen hat sich die Tradition des Tanzdramas selbst in kleinen Dörfern erhalten. Auch diese Tradition geht zurück auf die Tanzlehrschrift Nāṭyaśāstram. Einmal im Jahr findet z. B. das Bhāgavata Meḷa (Tanzdrama) statt. Es wird von männlichen Laien getanzt, die auch die weiblichen Rollen übernehmen.

Bharatanāṭyam wird heute von Männern und Frauen getanzt, die außer dem Bharatanāṭyam-Zyklus auch Bharatanāṭyam-Tanzdramen aufführen. Die glückliche Vereinigung der klassischen Solotanzkunst und der alten, folkloristischen und klassischen

Tanzdrama-Tradition zum Bharatanätyam-Tanzdrama, das von Männern und Frauen getanzt wird, wurde von Rukmini Devi wieder ins Leben gerufen.

Bharatanāṭyam in seinem Zuhause, dem Tempel, als Teil des Tempelrituals zu tanzen, ist immer noch verboten. Seit einigen Jahren veranstaltet der Tempel zu Cidambaram an der Außenmauer im Vorhof des Tempels jährlich ein Tanzfestival. Es ist ein Versuch, die Tanzkunst wieder in den Tempel zurückzubringen. Cidambaram ist einer der wenigen autonomen Tempel.

Wie die Blüten und Blätter des Lotos jeden Wassertropfen abperlen und in ihrer Reinheit und vollkommenen Schönheit unberührt bleiben, selbst wenn sie in den schwärzesten und schmutzigsten Tümpeln wachsen, so bleibt auch die Tanzkunst unberührt in ihrer Reinheit und Schönheit. Selbst in einer düsteren, staubigen Konzerthalle, selbst in einer ihr unwürdigen Zeit, die den rituellen Tanz verboten hat, blüht sie weiter. Der Lotos und sein Geheimnis, die Tanzkunst und ihre Aussage, sind Indiens Geschenk an die moderne Welt.

Die Gebärde Sarpaśīrṣa – *der Schlangenkopf*

Schlangen verkörpern das dämonische Urböse,
aber auch die heilende wissende Kraft.
Geschmeidig elegant liegt die Schlange
in der Hand des Weibes –
die Tänzerin besiegt mit ihren Gesten
den Schlangendämon.

Die Gebärde Kāngula
– der Kuhschwanz –

Im Tempel des Universums

Er tanzte einst in der Goldenen Halle zu Tillai,
die drei Welten kamen zusammen,
die Götter versammelten sich,
die Erde zitterte, die acht Richtungen bebten,
die Urschlange schaukelte ekstatisch mit dem Kopf;
die Gangā tropfte fortdauernd aus seinem Haar im Wald zu Tillai:
den Yogis erschien er,
ānanda – tanzend erlöste er alles!

Gopala Krishna Bharati
(19. Jhdt., mündlich überliefertes Tanzlied)

In der Abenddämmerung, wenn die glutvolle Sonne sinkt und die Schatten stiller und schwärzer werden, rufen die Trommler die Reisenden dieser Erde in die Goldene Halle zu Tillai. Inmitten des Cidambaram-Tempels, dem Symbol des Universums, liegt das Herz der Welt, das Zentrum des Universums und das Innerste von jedem selbst; hier in der Goldenen Halle tanzt Er seinen kosmischen Tanz. Cidambaram gleicht einem Riesenlotos, in dessen Mitte der Schrein des Tanzenden liegt. Hinein gelangt der Vorbeieilende durch ein hohes altes Tor eines pyramidenförmigen Turms, weiter durch einen tunnelartigen Gang, an dessen steinernen Wänden er Skulpturen von Tänzerinnen und Tänzern erblickt. Der flüchtig Verweilende neigt seine Stirn zu Füßen des Flaggenmastes auf die Erde. Er vergißt seine kleine kurzlebige Welt, wenn er einen Blick in das unendliche und ewige Universum werfen kann.

Im Cidambaram-Tempel ist jede Säule, jede Tür, jeder Gang ein Abbild des großen, universellen Raums. Der Gast verliert sich im Labyrinth des Tempels und findet sich letztlich im inneren Schrein. Er ist in der Mitte des Tempels, als wäre er in der Mitte des eigenen Selbst. Hier liegt die Goldene Halle, in der Śiva sein ānandanatanam tanzt, den glückseligen Tanz. Śiva, als Naṭarāja, als Geliebter der Tänzerin, ist der allgegenwärtige Geist. Sein Tanz ist auch in unserem Herz enthalten als Selbstentfaltung und Evolution. Sein Tanz erhält uns am Leben, erhält die Welt. Sein Tanz zieht unsere Kräfte zusammen, zerstört die Illusion des Ego. Sein Tanz hält inne, wird Yoga-Haltung, ist Stille, die uns von der Vision des Trugs erlöst und Friede schenkt. Hier nimmt der Tanzende uns gnadenvoll in seine Mitte, um die das Rad des Sterbens und Geborenwerdens ewig kreist. Jetzt erst kann der zur Ruhe gekommene Geist des Wanderers den tanzenden König in seiner vollen Schönheit erblicken.
Sein Körper ist das All, seine vier Hände sind die vier Himmelsrichtungen. Sonne und Mond leuchten als seine Augen, während die Sterne sein drittes Auge sind. Sein Haar ist geschlungen zum Knoten, in dem die ganze Weisheit liegt und der die Mondsichel

ॐ सर्वेषां स्वस्तिर्भवतु
ॐ सर्वेषां शान्तिर्भवतु

als Erleuchtung trägt. In seinem Ohr ertönt die heilige Silbe OM, seine Lenden sind mit Tigerfellen umschlungen, denn einst besiegte er den Tigerdämon und errang Kontrolle über den Zorn. Schlangen, die er besitzt, schlingen sich um seinen Hals, und mit den gezähmten Schlangen hat er die Eifersucht gebannt. Seine Fußspangen sind ein Symbol der Tapferkeit. Das Lächeln seiner Lippen führt die Welt zum Frieden. Die rechte Hand gewährt uns Schutz, die linke Hand schenkt die Erlösung. Eine zweite rechte Hand hält eine Trommel, woraus der Ton entstand. Die zweite linke Hand hält das Feuer der Zerstörung. Und noch ein Arm erscheint, er hält ein Reh, das Zuflucht bei Śiva sucht. Der Schutz, den er dem Reh gewährt, zeigt sein uneingeschränktes Mitleid für alle Kreatur, die zu ihm kommt. Der rechte Fuß tritt auf den Dämon des Nichtwissens, und sein linkes Bein ist erhoben und erteilt mit der Bewegung Mokṣa, die Befreiung. Ein Blick auf Naṭarāja in der Goldenen Halle zu Cidambaram offenbart dem Pilger das Geheimnis, das jeder in sich trägt. Naṭarāja ist der Geliebte der Tänzerin, sie ist die Nāyikā, seine mystische Braut. Durch ihren Tanz hat sie

ॐ सर्वेषां पूर्णंभवतु
ॐ सर्वेषां मङ्गलंभवतु

teil an seiner Glückseligkeit, und sie wird frei von allem, was bindet. Könnte es jemals eine andere Bedeutung für Tanzen gegeben haben als höchste Glückseligkeit, uneingeschränkte Freiheit und die göttliche Gnade der vollkommenen Vision, der Erleuchtung?

O zarter Mond,
offenbar mir das Geheimnis
des gewaltigen Theaters von Himmel und Erde
und der zauberhaften Grazie seines Tanzes.
Winziger als das kleinste Atom ist mein Gott,
doch ist die Welt mit seiner Musik erfüllt
und durchleuchtet von seinem Tanz,
o zarter Mond,
entwirre mir das Mysterium eines Gebieters,
der unzähligen Welten das Kreisen befiehlt
und durch die unmeßbaren Tiefen
des Raumes tanzt,
o zarter Mond,
ich bin nichts als ein Spielzeug in seiner Hand!

Ramalinga Swami (19. Jhdt.)

Die Gebärde Kāngula – *der Kuhschwanz*

Glocken rufen uns in den Tempel,
die Hand ahmt die Geste nach
und führt als Mudra uns zur Andacht.

Die Gebärde Siṃhamukha
– das Mudra für Reh –

Tanz als Weg

Ohne zu bauen,
wird kein Raum im Haus sein;
ohne zu schauen,
wird kein Unterschied der Formen erkennbar;
ohne einen Weg,
wirst Du das andere nie erreichen.

Devara Dasimaya
(10. Jhdt.)

Nehmen wir das andere als die Erkenntnis, die uns aus der Unwissenheit hinausführt. Weisheit zu erlangen, bleibt das einzig beständige Ziel, das man ein Leben lang anstreben kann, in einer Welt voller vergänglicher Dinge. Es gibt so viele Wege zur Weisheit wie es Menschen gibt. Es gibt schwierige, steinige Pfade und Gratwanderungen in schwindelerregenden Höhen. Es gibt bequeme, langsame Wege, schöne Alleen, die zum Verweilen einladen; es gibt Umwege, Irrwege, Sackgassen, und es gibt direkte Wege. Tanz ist der direkteste Weg zur Kenntnis des Raums und des eigenen Körpers. Ein Weg zur Entfaltung der Gefühlswelt, der mystischen Sehnsucht und der intellektuellen Beobachtungsgabe. Die Freude tanzt, und die Trauer schweigt in stiller Haltung. Tanz ist dort, wo Worte nicht mehr hinreichen. Vor 2000 Jahren beschrieb die Dichtung Bharatas die Tanzkunst als schnellsten Weg zur Vereinigung mit der göttlichen Allseele.
Dharma ist der vorgezeichnete Weg eines Menschen. Diesen Pfad

ॐ सर्वेषां स्वस्तिर्भवतु
ॐ सर्वेषां शान्तिर्भवतु

zu erkennen, ist Aufgabe eines Jeden, da alle Pfade ihre eigenen Regeln haben. Ein Mensch, der sein Dharma erfüllt, ohne auf Abwege zu geraten, nähert sich dem Idealen, und man betrachtet ihn als edel und verehrungswürdig. Die verschiedenen Pflichten des Alltags werden durch die Kenntnis des Dharma ersichtlich, und sie auszuführen bedeutet, seinem Lebensweg gerecht zu werden. Nätyadharma ist der Weg des stilisierten Tanzes. Das Erlernen, Üben und Erleben der Tanzkunst soll die Tugenden im Menschen fördern. Nätyadharma verfremdet stilvoll die tagtäglichen Pflichten und will kein Abbild des Alltags sein. Die Tänzerin als Geschichtenerzählerin ist einmal Liebende, ein andermal Geliebter, einmal Lotos, ein andermal Pfau, eine romantische Mondnacht und die glühende Leidenschaft eines Sommertages. Nie wird etwas realistisch dargestellt. Nätyadharma zeigt die Essenz, das Wesenhafte. Nie verkleidet sich die Tänzerin als Pfau, sie zeigt vielmehr das innere Wesen des Pfaus, das Pfauenartige, oder sie erzeugt die Stimmung einer Mondnacht. Sie ist nicht eine bestimmte Liebende, sondern das Wesen der Liebenden, das sich im Werben und Verehren darstellt. Nāṭyadharma macht den Tanz zur Meditation

ॐ सर्वेषां पूर्णंभवतु
ॐ सर्वेषां मङ्गलंभवतु

für die Tänzerin wie auch für den Zuschauer. Nāṭyadharma verfeinert den ganzen Menschen, ist ein ganzheitliches Training, das Körper, Geist und Sinne ausbildet.
Still auf dem Boden zu sitzen und Mudras zu erlernen ist ein Weg, Körper und Geist zur Einheit zu bringen, den jeder gehen kann. Hände schreiben Geschichten, die die Augen mit Leben füllen. Die Mudras erfordern eine große Konzentrationsfähigkeit und machen Tanz zum Yoga. Der Übende findet durch diese Arbeit an seinem Körper und die Auseinandersetzung mit sich und seinem Dharma durch die Stilisierung alltäglicher Tätigkeiten, die Unbewußtes bewußt machen, den Lehrer in sich selbst.
Tanz als ein Weg, den höchsten Lehrmeister im eigenen Selbst zu finden, macht ihn zu mehr als Kunst, zu viel mehr als schöner Bewegung, geht über seine technische Virtuosität hinaus und ermöglicht so menschliches Wachstum. Könnte man der göttlichen Energie anders näher kommen als durch eigene Kreativität? Nāṭyadharma lehrt uns die Kreativität entfalten, beflügelt unsere Phantasie und läßt uns selbst zum Symbol des täglich neu aufblühenden Lotos werden.

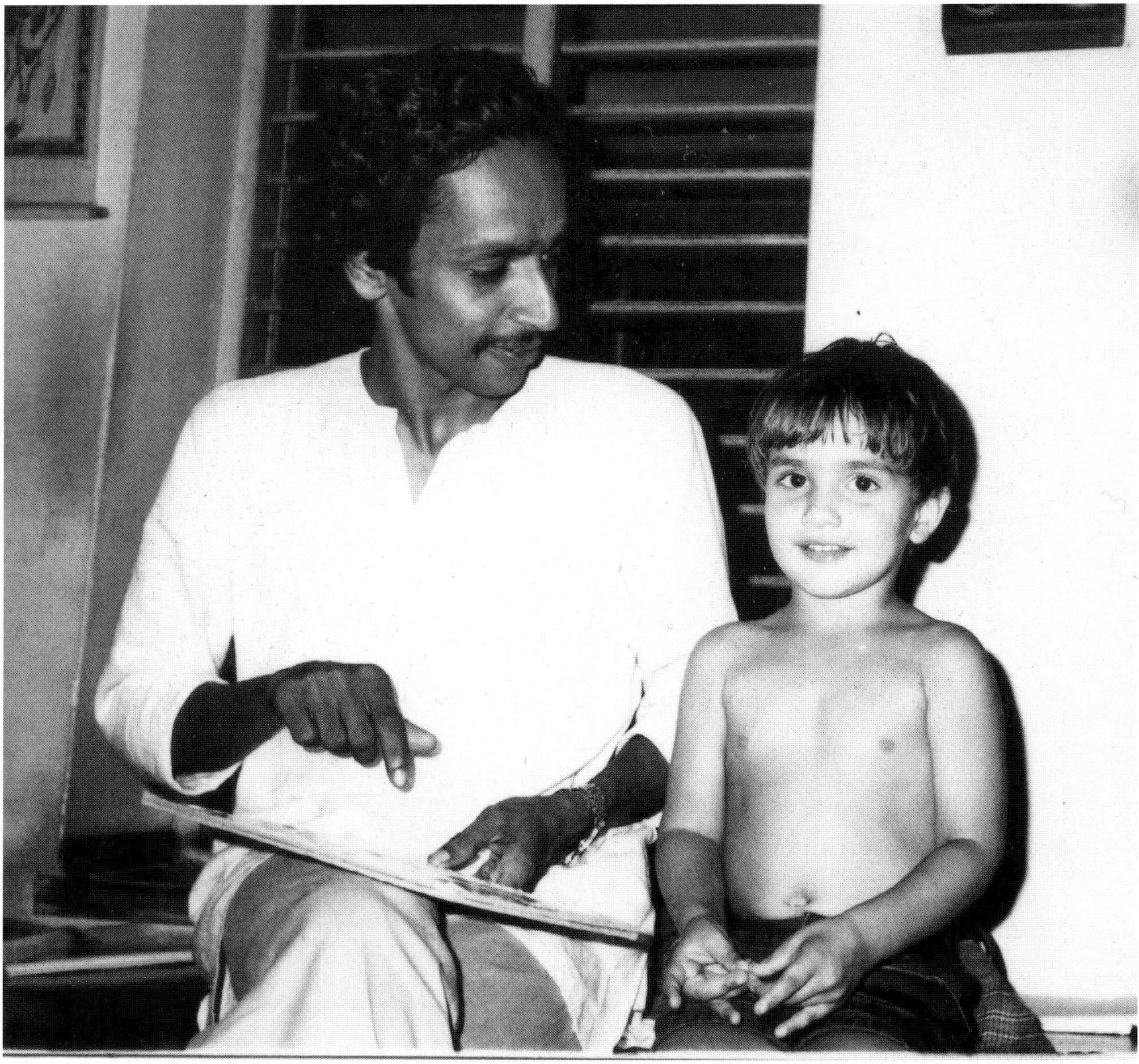

Die Gebärde Siṃhamukha – *das Mudra für Reh*

Die Tänzerin liebkost das Reh in ihrer Hand –
das Kind führt zwei rehgleiche Hände zusammen
Unbewußt entsteht das Symbol für
die Brücke, den Weg …

Die Reichen bauen Tempel für Śiva,
was kann ich, ein armer Mann, tun?
Meine Beine sind die Säulen,
mein Körper der Schrein,
mein Kopf die goldene Kuppel.
Höre, göttlicher Tänzer,
was steht, soll fallen,
aber Tanz wird ewig sein.

Basavaṇṇa (1106-1167)

Anhang

Zur Schreibweise und Aussprache der Sanskrit-Wörter

Die Vokale werden offen und entsprechend den deutschen ausgesprochen; Vokale mit Längenzeichen (ā, ū, ī) werden gedehnt ausgesprochen (z. B. Nāyikā, Sūcī).

Konsonanten ohne diakritische Zeichen werden wie folgt ausgesprochen:

c	wie	tsch	(z. B. Candra)
j	wie	dsch	(z. B. Anjali)
s	wie	ß	(z. B. Rasa)
v	wie	w	(z. B. Viṣṇu)
y	wie	j	(z. B. Nāyikā)

Für Konsonanten mit diakritischen Zeichen gilt folgendes:

ś	wie	scharfes sch	(z. B. Śiva)
ṣ	wie	weiches sch	(z. B. Viṣṇu)
ṛ	wie	r	nur mit gerollter Zunge (z. B. Ṛgveda)
ṇ, ḍ und ṭ			mit gerollter Zungenspitze am Gaumen

h zusammen mit anderen Konsonanten, es ist hörbar, bildet aber mit vorangegangenen Konsonanten einen Laut (z. B. Bhakti)

Worterklärungen

Abhinaya: (wörtlich übers.: »hinführen«) Stilisierte Darstellung von den poetischen Inhalten der Lieder durch Handgesten und Mimik.

Adavu: Tanzschritte, Bewegung und Stellung des Körpers.

Bhakta: Mensch, der sich Gott ganz weiht.

Bhakti: Die Hingabe an Gott, Gottesliebe in Vollendung.

Bhāva: (wörtlich übers.: »Zustand«) Gefühlszustand, der durch stilisierten Ausdruck erzeugt wird.

Bramhā: Gott der Schöpfung.

Chakras: Die Energiezentren im Leib.

Devadāsīs (wörtlich übers.: Dienerinnen der Götter) Geweihte Tänzerinnen im Tempeldienst.

Dharma: Die Pflichten, Aufgaben und Verantwortungen im Leben eines Individuums.

Gatis: Zähleinheiten (Zeitmaß) zwischen den Schlägen.

Gopīs: Die Dorffrauen und Hirtinnen, die alle in Kṛṣṇa verliebt sind – stehen für die Menschen, die Gott lieben.

Guru: Lehrer und Meister.

Hasta: Handgeste.

Karnātische Musik: Klassischer Musikstil aus Südindien.

Korvais: (wörtlich übers.: »Girlanden«) Aneinanderreihung von Tanzschritten.

Kṛṣṇa: Flötenspielender Gott, eine Inkarnation von Viṣṇu, dem Erhalter.

Kuṇḍalinī: Die Schlangenkraft.

Mṛdangam: Südindische Trommel.

Maṇḍalas: (wörtlich übers.: »kreisförmige Anordnungen«) Hier: Stellung der Füße beim Bharatanāṭyam.

Mantras: Verse oder Wortsilben mit Symbolgehalt.

Mudra: Handgeste mit spezifischer Bedeutung.

Naṭṭuvanārs: Tanzmeister.

Naṭṭuvāngam: Instrument, aus zwei kleinen Becken bestehend.

Nāṭya: Lyrischer Ausdruckstanz.

Nāṭyadharma: Hochstilisierter Tanz.

Nāṭyaśāstram: Tanzlehrschrift.

Nāyikā: Die führende Frau, die in Gott verliebte Frau, die die Tänzerin verkörpert.

Nāyaka: Der Führende, der göttliche Held, in den die Nāyikā verliebt ist.

Nityasumangalī: Die ewig glücksbringende Frau – eine rituell geweihte Tänzerin des Tempelkults.

Nṛtta: Abstrakter Tanz ohne Inhalt.

Nṛtya: Abstrakte Tanzteile, die mit lyrischen Tanzteilen abwechseln.

Piḷḷai: (wörtlich übers.: »Söhne« [der Devadāsīs]) Kaste der Tanzmeister.

Rāgas: Melodiefolge in der indischen Musik.

Rasa: (wörtlich übers.: »Geschmack, Essenz«) Ästhetisches Erlebnis in der Kunst.

Rasika: Kunstliebhaber, der das ästhetische Erlebnis genießt, das die Kunst auslöst.

Sakhī: Vertraute der Nāyikā; Botin, die zwischen Gott und Mensch vermittelt.

Śakti: (wörtlich übers.: »Energie«) Weibliche Gottheit.

Sarasvatī: Göttin der Künste, des Lernens und der Weisheit.

Sāttvika: Vollendet ausgeglichener Zustand.

Śiva: Gott der raumschaffenden Zerstörung.

Śollukaṭṭu: Rhythmische Tanzsilben.

Śṛngāra: Erotische Gefühlsstimmung.

Tāla: Rhythmisches Gefüge aus Taktschlägen.

Taṭṭimeṭṭu: Rhythmischer Tanzschritt.

Tīrmānams: Schrittkompositionen verschiedener Adavus mit Schlußakzent.

Varṇam: (wörtlich übers.: »Farbe«) Haupttanz des Bharatanāṭyam.

Veden: Ältestes indisches Schrifttum in Sanskrit.

Viṣṇu: Gott der Erhaltung.

Literatur

Abbé Dubois: *Moeurs, institutions et ceremonies des peuples de l'Inde*, Pondicherry, 1921

Abhinaya Darpana of Nandikeśvara, Manisha Granthalaya, Calcutta, 1975

Annamalai University, *Economy of South Indian Temples*, Annamalai University, 1946

(Basavaṇṇa) aus: *Speaking of Shiva*, Penguin Classics, Middlesex

Bhāgavata Purāna, in: *SrimadBhagavatam*, übersetzt v. Kamala Subramaniam, Bharatiya Vidya Bhavan, Bombay, 1981

(Devara Dasimaya) aus: *Speaking of Shiva*, a.a.O.

(Gīta Govinda) aus: Lee Siegel: *Sacred and Profane Dimensions of Love in Indian Tradition as exemplified by the Gita Govinda of Jayadeva*, Oxford University Press, London, 1978

Ghosh Chatterjee: *Devadasi*, Calcutta Press, Calcutta

Graf Keyserling: *Das Reisetagebuch eines Philosophen*, Otto Reichl, Darmstadt, 1923

Hymns from the Rig-Veda, Alfred A. Knopf, New York, 1975

(Kalporu Cirunuraiyār) aus: *The Interior Landscape*, Love Poems from a Classical Tamil Anthology, übersetzt von A. K. Ramanujam, Clarion Books, New Delhi

Kersenboon, Saskia: *Nityasumangalī*, Motilal Banarsidass, New Delhi, 1987

(Māmūlanār) aus: *The Interior Landscape*, a.a.O.

(Nanalal) aus: Gertrude und Thomas Sartory: *Krishna's Flöte*, Herder, Freiburg, 1979

Natyashastra ofBharata Muni, Oriental Institute of Baroda, Baroda, 1956

(Ramalinga Swami) aus: Mrinalini Sarabhai: *Longing for the Beloved*, Darpana, Ahmedabad, 1976

ṛg Vedic Studies, M. Sunder Raj, The Guardian Press, Madras

Rukmini Devi: *My Guru Muthukumara Pillai*, Theosophical Society, Madras

Silappadigaram of Ilangovadigal, (»Geschichte des Fußreifs«) herausgegeben von U. V. Swaminatha Iyer, Madras 1927

Śṛngāramanjarī of Saint Akbar Shah, herausgegeben von V. Raghavan, Sanskrit Faculty, University of Madras

Sunil Kothari: *Bharatanatyam* – Indian Classical Dance Art, Marg Publications, Bombay, 1979

Taittirīya Upaniṣad, Sri Ramakrishna Math, Madras

Thapar, Romila: *History of India*, Penguin Books, Middlesex

(Veḷḷi Vītiyār) aus: *The Interior Landscape*, a.a.O.

Zimmer, Heinrich: *Zeichen der Liebe*, Insel, Frankfurt a. M., 1949

Fotos

Aus dem Privatbesitz der Autorin: S. 16, 25, 42, 56, 64, 72, 89, 97, 109, 118, 130, 147 (Fotograf: Günter Wehrmann), 153–160 (Miniatursammlung), 169, 176, 187, 201, 228.